U0923590

图1　孩子的成长需要多方面激励

图2　培养孩子风趣幽默

图3　营造利于孩子成长的环境

图4　培养孩子独立自主的能力

图5　爱孩子就会得到孩子的爱

让行为

形成习惯养成性格

总主编：周文彪

行为与性格

Behavior and Character

主　编：刘馨阳　郭洪飞

中国纺织出版社有限公司

内 容 提 要

本系列丛书共分为《教育与创新》《规矩与成长》《品德与分数》《知识与财富》等10个分册。每章节的论述都以著名教育家陶行知先生经典小故事为引导，分别提出论点、论据，彰显了教育家言行一致的风格。每章结尾处又以陶行知本人的行为规范为楷模，不仅能使读者读懂理论，还能感染父母体会“学为人师，行为世范”的家教风格，进一步揭示了“父母的行为要成为孩子的楷模”这一育子理论，加深了读者的深度思考和理解。

图书在版编目（CIP）数据

陶行知生活教育系列丛书. 行为与性格 / 周文彪总主编；刘馨阳，郭洪飞主编. -- 北京：中国纺织出版社有限公司，2021.12

ISBN 978-7-5180-9215-4

Ⅰ. ①陶… Ⅱ. ①周… ②刘… ③郭… Ⅲ. ①生活教育—儿童教育—家庭教育 Ⅳ. ①G78

中国版本图书馆CIP数据核字（2021）第263878号

策划编辑：闫　星　　责任编辑：刘桐妍　　特约编辑：符　芬
责任校对：高　涵　　责任印制：储志伟

中国纺织出版社有限公司出版发行

地址：北京市朝阳区百子湾东里A407号楼　邮政编码：100124

销售电话：010—67004422　传真：010—87155801

http：//www.c-textilep.com

中国纺织出版社天猫旗舰店

官方微博 http：//weibo.com/2119887771

三河市延风印装有限公司印刷　各地新华书店经销

2021年12月第1版第1次印刷

开本：880×1230　1/32　印张：63.75

字数：1040千字　定价：398.00元（全10册）

•行为养成
•职业感知
•兴趣爱好
兴趣培养
•生活习惯
•学习能力
•兴趣特长
•职业认知
行为习惯
•人际交往
•职业规划
•科普知识
•职业体验
社交知识
•生活实践
•人文地理
•礼貌礼仪
•职业习惯
职业发展
学做真人
生存能力
理财能力
分析能力
组织能力
演讲能力
表达能力
管理能力
专业能力
设计能力
创新能力
创造能力
影响力
激励力
组织与授权
监控与检查
灵活应用
个人体验
生活经验
领导经验
管理经验
跨学科知识
产业中的教育感悟
专业导向产业延伸
获取
· 知识
· 技能
· 收入
储存
职业体验
· 标准化
· 流程化
· 科研化
· 智能化
应用
培养企业拿来即用的
人
· 个人形象
· 维护与辩护能力
· 冲突管理
· 团队工作能力
· 客户导向意识
基础教育
· 自我定位
· 智能管理
· 科技创新
· 知识传播
行为与性格
· 角色管理
· 时间管理
· 沟通管理
· 目标管理
· 激励管理
· 绩效管理
· 技能教练
企业体验
产教融合
院校教学
岗位体验
职业体验
智商：
认识客观事物，运用知识解决实际问题的能力，掌握处理业务工作所需的技术和工具
情商：
具备处理自己与他人关系的能力
智能养身
运动场
游泳池
健身馆
药膳堂
养生馆
MR体验
职业感知
职业认知
科学实验
技术革新
数学应用
艺术熏陶
创新思维
创新创业
品德修炼
心理调节
情操感悟
教育中的产业渗透
教人求真
社区教育
· 教育与创新
· 规矩与成长
· 品德与分数
· 知识与财富
· 行为与性格
· 尊重与情商
· 勤奋与责任
· 生存与发展
· 音乐与人生
· 表扬与批评
· 专业与职业
· 健康与人生
· 安全与生产
通过产教融合，归纳演绎出：团队竞争力和创新、创造力
形成寓教于乐的教育特色：产教融合、协同育人
“三识” 学识 见识 胆识
显性知识：理论、通用（知道）
隐性知识：经验、教训（会用）

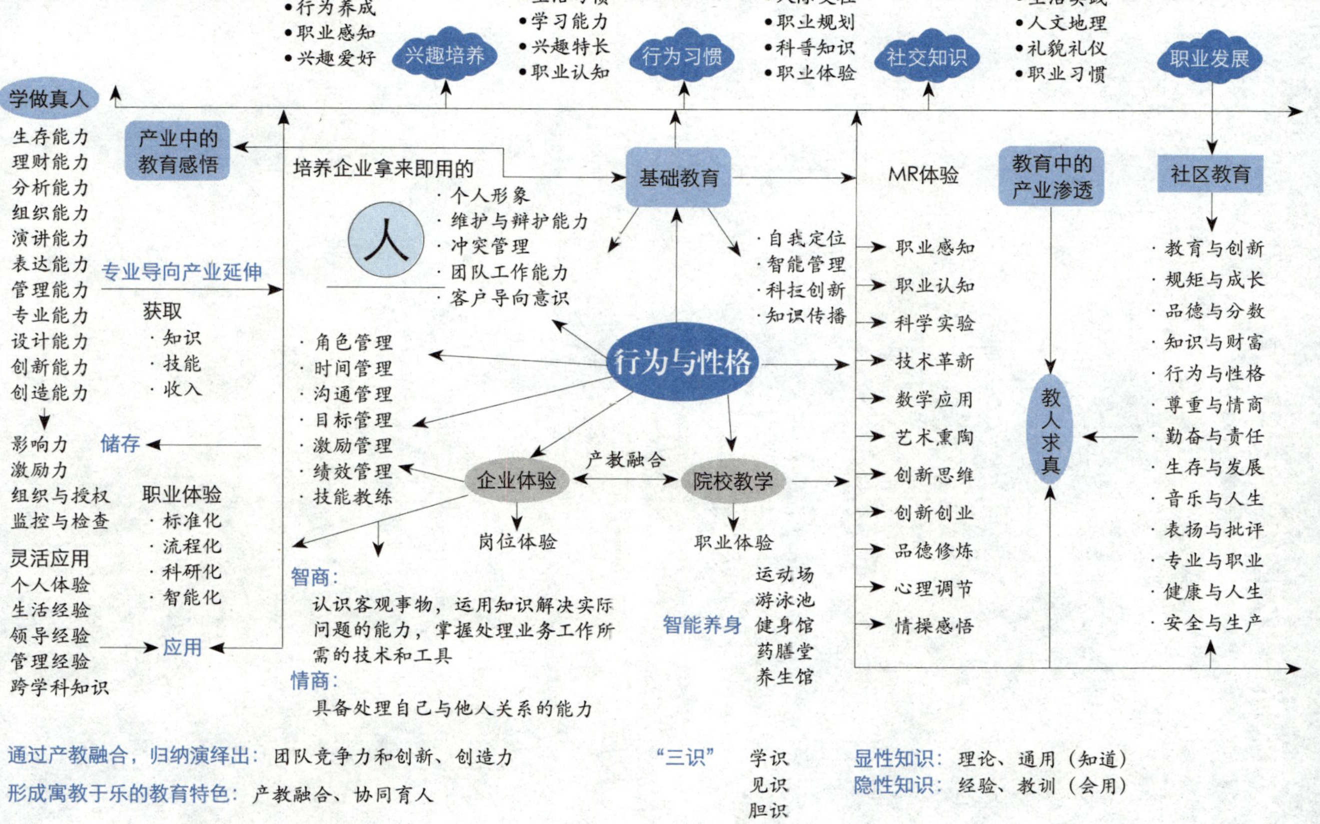

《行为与性格》框架结构图

TAO XING ZHI SHENG HUO

《陶行知生活教育系列丛书》

JIAO YU XI LIE CONG SHU

各分册主编

第一分册 《教育与创新》 主编 郭洪飞 赵 明

第二分册 《规矩与成长》 主编 罗碧华 杨秀丽

第三分册 《品德与分数》 主编 周文彪 张平原

第四分册 《知识与财富》 主编 刘建清 周 荦

第五分册 《行为与性格》 主编 刘馨阳 郭洪飞

第六分册 《尊重与情商》 主编 周 蔷 李嘉玉

第七分册 《勤奋与责任》 主编 周志平 秦承敏

第八分册 《生存与发展》 主编 刘义光 黎 邓

第九分册 《音乐与人生》 主编 张炜 蒋菡 何薇

第十分册 《批评与表扬》 主编 陈京平 张 炜

序一

闻悉周文彪先生任总主编的《陶行知生活教育系列丛书》付梓出版，尤其是将家庭教育融入陶行知生活教育思想非常必要。为众多父母在子女教育上坚持“行知合一”，用自己的行为做孩子的楷模提供了良好的借鉴。

随着《中华人民共和国家庭教育促进法》的颁布与实施，重视智力发展，忽视道德培养；重视知识学习，忽视能力培养；重视书本知识学习，忽视劳动实践；重视孩子智力发展，忽视情商培养；重视特长培养，忽视全面发展；重视身体健康，忽视心理健康；重视饮食营养，忽视身体保健的倾向越来越没有了市场，众多教育工作者逐步走向培养孩子全面发展的轨道。

父母与孩子的关系就好比土地和禾苗：土地肥沃，禾苗就茁壮；土地瘠薄，禾苗就瘦弱。家庭教育也是如此，父母的行为时时都在感染、熏陶和“塑造”着孩子的人生，孩子的行为、习惯、个性、性格也正是在父母行为的影响下逐步形成的。

大家都希望自己的孩子能接受到更好的教育，成为更优秀的人，这是为人父母的期望，也是整个教育事业必将要达到的目标，因此，我们万万不可忽略父母行为对孩子的影响。

在众多家庭教育中，有成功的经验，也有失败的教训，很多父母对孩子的期望总会产生极大的落差，其中的原因是什么呢？

一则对孩子的期望值过高。不计其数的父母盲目坚守着“望子成龙、望女成凤”的观念，孩子一入学就对他们提出：一定要考多少分，保持班上前几名，初中要考取某某名校，大学要考上985、211，毕业后要从事某高科技、高科研、高薪资的工作，结果，期望值越高，失望越大。

二则对孩子娇生惯养。很多孩子在家“称王称霸”，在外“一事无成”。其原因就是父母总是把孩子看作“温室里的花草”，对孩子提出的条件无限制地满足，平时这也不让做，那也不让做，忽略了孩子自身的锻炼，致使孩子一旦离开父母，走向社会，连最起码的生活自理能力也没有了。

三则对孩子放任自流。有些父母虽然与孩子住在一个屋檐下，同吃一锅饭，却很少交流，一旦交流就是“考多少分？全班第几名？”孩子做不到，就“一顿唠叨或讽刺挖苦”，这种不注意孩子的心理调适，一味压制，到头来孩子只好选择不和父母交流，有的甚至不想往来，还有的父母与孩子竟然像陌生人一样，孩子也干脆不和父母在一起。

四则对子女过度殷勤。随着生活水平的提高，很多父母对孩子过于殷勤，如吃饭的时候，总是喜欢将椅子、碗筷摆好，饭菜盛好，还有的孩子已经上小学了，还要靠父母喂饭吃。

五则用金钱替代教育。父母用金钱替代教育的现象不占少数，我们是否可以静下心来想一想：这样做究竟给孩子带来的是什么？存款、股票、房产、产业，等等？如此下去，孩子将来又会走向何方？培养孩子全面发展岂不是成了一句“空谈”？

特别引以注意的是：一些父母竟然混淆了家庭教育与学校教

育的关系。把孩子成才的期望全部寄托于学校，错误地认为教育就是学校的事，孩子只要考高分，上个好大学，将来就一定能有个好职业。这个误区实在可怕，大家要明白：家庭是教育的最基本、最基层的单位，学校教育是辅助家庭培养孩子成才的，家庭教育与学校教育的区别只是环境不同、教育者与受教育者之间的关系不同、教育者自身的条件不同、教育内容不同、组织管理不同，家庭教育具有广泛的大众性、强烈的感染性、特殊的权威性、鲜明的针对性、天然的连续性以及人生幸福的继承性和教育的终身性与教育方法的灵活性。

《陶行知生活教育系列丛书》在研究陶行知生活教育思想的基础上，对于家庭教育进行了进一步的深入挖掘、整理和延伸，指出了家庭教育在整个生活教育中的地位和作用，突出了陶行知"追求真理做真人"的为人之道，涵盖了早与迟、宽与严、言与行、家与校等多个层面，给父母在子女教育中以启发。

这套丛书从"品德培养要从健康行为开始""让规矩陪伴孩子成长""时刻提醒孩子规范自己的言行""比考试分数更重要的是品德""给孩子金山不如给知识，再富也别富养孩子""知识转化为生产力才有力量""不要忽略创新在教育中的作用""对孩子的情商培养要从尊重开始""让孩子在挫折中求生存""不要忽视孩子生存能力的训练"10个侧面，提出了一系列比较现实的教育观点，通过生活中的一个个典型案例，论述了父母的行为与孩子成长的辩证关系，比如：父母自身素质、教养态度、教育能力、家庭生活条件、家庭成员之间的关系、家庭的社会背景和社会风气、家庭中错综复杂的冲突与矛盾等。促使父母更加重视"家庭教育的优势与劣势""独生子女教育的优劣""爱而不娇""严而有格”“该管则管，该放则放，管放结合”“发展特长和全面发展”“言教和身教”“说服和实践”“掌握分寸选择机会”等重要问题。

在本套丛书即将发行之际，我们期望父母通过本书的阅读，提升家庭教育观念，支持孩子进行科学、文明、道德的修炼，使之在更多的学习活动中获得更多的自主权，从事更加有益的实践活动，在家庭教育中获得课堂上无法获得的知识和能力，使孩子的个性、知识、人格、情操、体质诸方面得以健康发展，让家庭教育与学校教育相辅相成、互相促进、相得益彰，促使孩子德、智、美、体、劳全面发展。

（俞启定　国内首批获得教育学硕士、博士学位的博士生导师，北京师范大学著名教授）

俞启定

2021 年 11 月 28 日

序二

《陶行知生活教育系列丛书》即将付梓出版，应丛书总主编周文彪先生之邀，特写上以下一番话，表达祝贺之意。

萌芽于1918年，成型于1927年的“生活教育”理论，是陶行知教育思想的核心。

“生活教育”理论是陶行知作为中国现代教育先驱的思想理论基础，开展对“生活教育”理论的深化研究是极具意义的！生活决定教育，教育必须改造生活。“从定义上说，生活教育是给生活以教育，用生活来教育，为生活的向前向上的需要而教育”。

“生活教育”是活教育。“书是不可以死读的，但是不能不活用。”

“生活教育”是“大教育”。它是包括社会、学校、自然、家庭的整个的教育。

“生活教育”是融合教育。通过德智体美劳、军（军事训练）的融合，让学生成为真善美、智仁勇结合的“整个的人”。

陶行知认为，“知识与品行分不开，思想与行为分不开，课内与课外分不开，做人做事与读书分不开，即教育与训育分不开”。求知、品格、赋能的有机结合是学育方式变革的根本途径。

“生活教育”也是“与时代俱进”的教育。唯有与时代俱进，才能成为促进社会不断发展的现代人。

陶行知先生创立的“生活教育”理论，已经成为时代的显学。它揭示了教育的本质，阐明了教育的职能，把握了现代教育的特征与趋势，极具当代价值，也成为新时代教育改革发展的“路向”之一。

在当代，如何深化研究传承“生活教育”思想？可以说，文献式地把陶行知先生的文章、讲话、书信、诗歌等文献资料结集出版的任务已基本完成，诠释式的解读则远远不够！联系实际研究、践行陶行知思想的传承，即把陶行知思想及其教育主张深化研究，汲取其中的思想内核、当代价值并与当代教育实际紧密结合，瞄准当下教育的新问题、新课题，探索教育改革的新思路、新路径尤为重要。

陶行知本身是教育实践的行动家，其教育思想在本质上是一种实践的教育学说，理论与实际结合是“生活教育”的生命力所在，只有从“行知合一”上理解其思想实质，从理论与实践的结合上深化研究，在学育方式变革上深化改革，才是真研陶！

生活是向个体敞开的含有情境和价值的意义总体，包括：教育生活、社会生活、自然生活，当然也包括家庭生活。我国最早在1903年的《教育泛论》中就提出家庭教育、学校教育、社会教育同为国民教育的三大支柱。

学校教育是教育制度的重要组成部分，起主导作用；社会教育是指一切影响于个人身心发展的社会教育活动，起重要辅助作用；家庭教育则是生活中家庭成员之间相互的影响和教育，有着不可替代之作用。

陶行知先生是把三者有机结合的典范。在重庆育才时，其子陶晓光去找工作，因没有文凭，就找人开了张文凭证明。

陶行知先生知晓后非常生气，对其子说：“宁做真白丁，不作假秀才”，迅即让其退掉。1940年11月5日，陶行知在写给陶晓光的信中说：“城（即其四子陶城）每星期六到堡，我也每星期六来一次，教他一些处事待人之方。”

家庭是重要的教育场所。孩子在家的时间远超过在校时间，家庭的环境，父母的行为无时不在影响着孩子的成长；家庭是孩子的第一所“学校”，父母是孩子的第一任导师，而且是一生永恒的导师。学校的教师是可换的，而父母是无法替换的，父母不但给孩子以生命，而且还要塑造孩子的内心世界。学校里一个班，教师要管理四五十个孩子，家庭一对父母只教育一个孩子，而且孩子接触最多的又是父母，对孩子影响最大的也是父母。一个孩子的健康成长将凝聚着家庭几代人的期望，作为一个家庭，把孩子教育好，比什么都重要。

《陶行知生活教育系列丛书》共分10册，依托伟大的人民教育家陶行知先生提出的“生活即教育”“社会即学校”“教学做合一”的教育思想，列举了现实生活中的大量案例，反复论证了“教育与创新”“规矩与成长”“品德与分数”“知识与财富”“尊重与情商”“勤奋与责任”“生存与发展”“音乐与人生”等之间的逻辑关系，强调了父母培养孩子成长、成才的作用，突出了言传身教、行胜于言的风格，提示大家：父母的行为要成为孩子的楷模！使读者不仅读懂家庭教育理论，还渗透了“学为人师，行为世范”的育人风格。

《陶行知生活教育系列丛书》抓住了陶行知思想内在价值与当下教育的契合点、创新点，拓宽了陶行知研究的新领域，较好地回答了当下教育尤其是家庭教育面临的难点、重点问题，在研究的广度、深度上有了新的拓展。内容符合未成年人家庭教育的需要，具有鲜明的时代特征，贴近生活，教育思想观点基本是科学的，具有可操作性。文字通俗易懂，简单明了，写法生动活泼，适合一般文化水平的父母阅读。

（吕德雄　中国陶行知研究会常务副会长兼秘书长，原“晓庄师范”党委书记）

吕德雄

2021 年 11 月 29 日

序三

由周文彪先生总主编的《陶行知生活教育系列丛书》刚定稿，准备付梓出版之际，《中华人民共和国教育促进法》正式发布与实施，这让我们备受鼓舞。这套丛书的问世恰逢其时，也让家庭教育从传统意义上的“家事”变成了新时代发展，民族进步的“国事”！

《中华人民共和国家庭教育促进法》首先明确了家庭教育概念，“本法所称家庭教育，是指父母或者其他监护人为促进未成年人全面健康成长，对其实施的道德品质、身体素质、生活技能、文化修养、行为习惯等方面的培育、引导和影响”，之后强调了“家庭教育以立德树人为根本任务，培育和践行社会主义核心价值观，弘扬中华民族优秀传统文化、革命文化、社会主义先进文化，促进未成年人健康成长”。同时，《中华人民共和国家庭教育促进法》规定了学校等社会力量对家庭教育的协同任务，规定了“国家鼓励开展家庭教育研究，鼓励高等学校开设家庭教育专业课程，支持师范院校和有条件的高等学校加强家庭教育学科建设，培养家庭教育服务专业人才，开展家庭教育服务人员培训”。不难看出，一方面《中华人民共和国家庭教育促进法》从家庭教育概念，家庭教育主体责任、家庭教育的内容和方式，家庭教育工作机制，国家支持家庭教育的举措，社会力量对家庭教育的协同任务以及国家机关、国家工作人员带头做好家庭教育工作七个方面做出了法定职责与实施规制，从而成为每个家庭及社会各方自觉践行的必须；另一方面，《中华人民共和国家庭教育促进法》还强调了家庭教育、学校教育和社区教育密不可分，由此为各方教育的深度融合与协同育人提供了理论支撑与法律保障。

《陶行知生活教育系列丛书》正是符合了《中华人民共和国家庭教育促进法》的要义，从《教育与创新》《知识与财富》《规矩与成长》《品德与分数》《行为与性格》《尊重与情商》《勤奋与责任》《生存与发展》《音乐与人生》《批评与表扬》10个方面列举了大量案例，剖析了人生的十大要素，不仅启发父母更加注重家庭、家教、家风，增加家庭幸福与社会和谐，配合社会与学校把孩子培养成德、智、体、美、劳全面发展的社会主义建设者和接班人，也为各方面开展家庭教育专业的学习和培训提供了有益的参考书目。期望本套丛书的发行，能汇聚更大的力量，让家庭教育为实现伟大的中国梦发挥独特的作用！

（呼中陶　原北京师范大学党委副书记、北京师范大学珠海分校党委书记）

呼中陶

2021年11月29日

前言

俗话说：“没有教不好的孩子，只有不会教的父母；没有种不好的庄稼，只有不会种庄稼的农夫。”

面对孩子的问题，有些父母总责备孩子：这也不好，那也不对，就是不在自己身上找原因，对孩子的教育和关怀，也仅停留在衣食住行上，无数成功经验告诫我们：这样的家教是不够的，孩子成才的关键是行为习惯的养成，未来的成败也是行为习惯决定的，为人父母只有从孩子的行为习惯上下功夫，才能成为孩子人生的引路人。

本书以培养孩子健康良好性格为基本目标，引用众多教育理论，列举了大量案例，辩证了行为与性格的逻辑关系，提示父母的行为要成为孩子的楷模，希望能在家庭教育中起到抛砖引玉的作用。

书中家庭教育的成功案例，深入浅出地揭示了家庭不仅是为孩子提供衣食住行等物质条件，关键是培育孩子好的行为习惯。揭示了父母如何激发孩子的潜意识，如何培养孩子的良好行为，如何使孩子成为不断创新生活的人等长期困扰父母的实际问题，为家庭教育提供了丰富的参考依据。

在书稿完成之际，我们要特别感谢著名家庭教育专家、中国教育学会家庭教育专业委员会原理事长、中国当代家庭教育科学研究的开拓者赵忠心同志，北京师范大学原党委副书记呼中陶同志，北京师范大学资深教授俞启定同志，中国社会福利基金会原名誉理事长缪力同志，中国陶行知研究会常务副会长吕德雄同志在百忙中给予的精心指导；特别感谢中国社会福利基金会、中国教育学会、中国家庭教育学会、中国陶行知研究会给予的大力支持，感谢长期关注生活教育的同仁和北京师范大学珠海分校、暨南大学珠海校区、吉林师范大学分院、《福建基础教育研究》编辑部、湖南工程技术职业学院、范家小学、空直蓝天幼儿园等全国185位高等院校、中小幼校（园）长、教师参与研究与实践，使得本书圆满完成。

由于本书的编写时间和编者水平有限，不足之处在所难免，恳请广大读者给予批评指正。

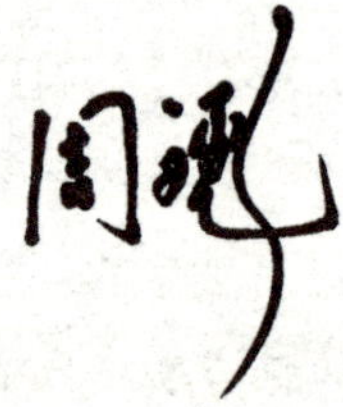

2021年11月29日

家庭生活教育的四个维度

1	获取生活兴趣的能力	观察视角：准备 / 倾听 / 互动 / 自主 / 达成
2	与父母的沟通互动能力	观察视角：环节 / 呈示 / 对话 / 引导 / 机智
3	新知识理解与评价能力	观察视角：目标 / 内容 / 实施 / 评价 / 资源
4	家庭环境与文化的熏陶	观察视角：思考 / 民主 / 创新 / 关爱 / 特质

阅读本书的观察视角

1	事前准备	孩子做事前准备了什么？是怎样准备的？
		准备得怎么样？准备充分的概率是多少？
		孩子是否养成了事前准备的习惯？
2	耐心倾听	孩子能否耐心倾听你的话？能耐心听多少时间？
		作为父母你能耐心倾听孩子的心声吗？
		倾听时，孩子有哪些辅助行为？
3	与孩子互动	你与孩子有哪些互动行为？能达成目标吗？
		你与孩子互动的时间、过程、质量如何？
		你与孩子就某一问题讨论的时间、过程、质量如何？
		你与孩子户外活动的时间、过程、质量如何？
		你与孩子的互动习惯怎么样？出现怎样的情感行为？
4	让孩子自主	孩子自主学习（活动）的时间有多少？
		孩子自主学习的形式（探究 / 阅读 / 思考）有哪些？
		孩子自主学习有序吗？有无自主探究活动？
		孩子自主学习的质量如何？
5	目标达成	孩子清楚自己的学习目标吗？
		孩子预设目标达成有什么依据？分几个阶段达成？
		近阶段（1 月 / 半年内）生成过什么目标？效果如何？

6	问题环节	问题是由哪些环节构成的？你是否围绕这些问题沟通？
		这些环节是否面向孩子强调问题的关键点？
		你对不同环节 / 行为 / 内容 / 时间是怎么支配的？
7	正面引导	你是如何引导孩子自主学习 / 工作 / 生活的？
		你对孩子与人的合作能力是如何引导的？是否有效？
		你对孩子探究学习是如何引导的？是否有效？
8	挖潜与启智	面对孩子调皮与犟嘴，你的态度和方法有哪些？
		你如何处理孩子调皮和犟嘴？效果怎么样？
		你使用了哪些非言语行为？效果怎么样？
		你哪些行为感化了孩子（语言 / 体态 / 表情）？
9	共同思考	幸福生活是否与知识 / 技能有关？
		对孩子的引导是否有利于问题的解决？
		怎样引导孩子独立思考并自己处理问题呢？
		家庭气氛能否促使孩子独立自主地生活？
10	民主与创新	你与孩子的沟通效果怎么样？
		孩子参与集体活动的时间是怎样的？气氛如何？
		你的行为是否成为孩子的榜样？
		孩子与其他小朋友的关系如何？
		家庭创新设计、情境创设与资源利用有何新意？
		家庭气氛是否有助于孩子成长？你是如何处理的？
		孩子生活有哪些新目标 / 资源？你是如何处理的？
11	关爱与特质	孩子的生活目标是否面向未来？
		你是如何面对孩子的特殊情况的？
		孩子遇到学习困难时，你是如何关注和引导的？
		家庭环境体现了哪些有利于孩子走出困境的因素？
		家庭环境有助于孩子修正错误、健康成长吗？

目录

Part 1　修正行为　养成习惯

Part 2　养成习惯　培养性格

Part 3 成才需要养成的习惯

Part 4 培养健康良好的性格

Part 5 要促进孩子的心理健康

陶行知说：是生活就是教育，好生活就是好教育，坏生活就是坏教育；前进的生活就是前进的教育，倒退的生活就是倒退的教育；认真的生活就是认真的教育，马虎的生活就是马虎的教育；合理的生活，就是合理的教育，不合理的生活，就是不合理的教育：不是生活，就不是教育……

修正行为　养成习惯

- 行为源于情绪，导致习惯
- 习惯源于行为，决定性格
- 严格要求也要讲究方式
- 影响习惯养成的四个因素
- 适当体育运动保持活力
- 对儿童行为素质的调查

行为源于情绪，导致习惯

生活中，每个人都不可避免地遇到失意、困难、险境，从而产生各种各样的消极情绪，如烦恼、痛苦、忧伤、愤怒等。不愉快的消极情绪，若得不到及时排解，这种不良心理能量的积聚若超过一定的负荷就会破坏心理平衡，导致不良行为的产生，严重的还会引起“疾病”，所以，父母应采用适当的方法和途径，让孩子合理宣泄，及时调控不良情绪。

现代医学和心理学的研究成果表明，负面情绪不仅导致不良行为，而且对人体健康有直接的影响，如焦虑、抑郁、恐惧这些情绪可以引发疾病，父母帮助及时调控负面情绪是孩子身心健康的重要保证。

情绪从哪里来的？情绪是人对客观事物是否符合自己的需要而产生的态度，是客观事物同主观需要的客观反映，如喜、怒、哀、乐等不同的表现形式。

人若心情愉快、舒畅，生活态度乐观、豁达，行为也就乐观、豁达，则免疫功能也就活跃、旺盛，疾病感染的机会随之减少。俄国生理学家、诺贝尔奖获得者巴甫洛夫说：“愉快可以使你对生命的每一跳动，对于生活的每一印象易于感受，不论躯体和精神上的愉悦都是如此，可使身体健康发展。”

由此可见，孩子的正面情绪对其行为或身心健康有着积极主导的作用，不良的情绪，产生不良行为，对身心健康危害极大，不仅降低生活质量，还会影响孩子的学习和生活，导致各类身心疾患发生。

情绪调控的方法主要有两种：

一是让孩子自我安慰。当孩子情绪低落时，要让孩子学会自我安慰，而自我安慰的形式有“酸葡萄式”和“甜柠檬式”。

“酸葡萄式”是指想要却得不到的东西，故意说它不好，即吃不到葡萄还说葡萄是酸的方式；“甜柠檬式”是指对自己拥有的东西，相信它是最好的，并真心地接纳和认同。

这两种形式，对孩子情绪调节、平衡心态有着积极的作用。

当孩子情绪不好时，要让孩子从积极的方面暗示自己。例如，孩子对学习产生厌倦情绪时，对自己说一句消极的话：“没劲，又要上学”等，厌倦情绪将会加剧；如果对自己说一句话积极的话：“太好了，我最喜欢上学了，一定好好听讲”，厌倦情绪可能就会退缩，因为自己给自己一个积极的暗示，从而产生正面的情绪。

父母要帮助或引导孩子针对自己的不足，每天设计一些积极的语言暗示自己，情绪低落时，经常对自己说一些鼓励自己的话，如：“今天心情不错”“我今天感觉很好”；如果孩子容易愤怒，可让孩子常暗示自己：“要冷静些，发怒是解决不了问题的”；如果孩子常因粗心、急躁出错，可提示孩子，做事时，暗示自己：“慢、慢，别着急”等。

另外，改变孩子行为也是调节孩子情绪的好方法，如改变面部表情，对自己微笑，改变行走姿势，抬头挺胸，昂首阔步等。

二是自我宣泄。自我宣泄是调节孩子情绪的重要途径，可以让孩子通过各种方法，把不良情绪表达、发泄出来。不要压抑、默默忍受。这里要注意的是宣泄时不要影响和危害他人，不要将自己的负面情绪施加在他人身上。

自我宣泄的方法很多，如哭、笑、说、听、唱等。

有的孩子情绪低落时，哭一场、笑一阵、说一说、听听音乐或看看自己喜欢的节目、唱一段自己喜欢的歌曲，情绪就会有所调整。

总之，当孩子情绪低落时，父母（大人）一定要让孩子将负面情绪释放出来，因为这样做，对于孩子的心理健康和身体健康都有积极的作用。

1. 如何面对孩子闹情绪呢

每个人都会有情绪，由于孩子缺乏自制力，闹情绪较多，父母如果处理不好既伤害孩子，也伤害自己。

在日常生活中，我们常常看到这样的现象：

（1）以暴制暴

有些父母面对孩子闹情绪便冲着孩子大吼说：“别闹了，再闹我就……”“听话，不然就滚”等等之类的严惩、恐吓和威胁的话语，这样一来，不仅扼杀了孩子的自尊心和安全感，还极易使孩子产生破罐子破摔、自暴自弃的行为。

（2）做孩子情绪的奴隶

有些父母在孩子闹情绪时，给予无限顺从。如：“别哭了，一会儿我带你去麦当劳”“好了，咱们去看电影”“别闹了，妈妈依你就是了”，用这种哄、劝等息事宁人的方式，换取的只能是孩子的“情绪勒索”。

（3）乱贴标签

“你这孩子，怎么回事？”“烦死了，哭、哭、哭，妈妈还没……”等，给孩子贴这样的“负面标签”，只能扭曲孩子的心理状态。

（4）流于说教

“你看，怎么样！我不是早就说过……”，孩子正伤心、难过的时候，说这些只能错过与孩子进一步交流的机会。

（5）回力球效应

孩子在发脾气时，无法保持冷静，常说：“别闹了，把我气死了！”等，如此回应，分明是以愤怒换来“你来我往”的恶性循环，使孩子心理受到更大的创伤。

（6）推卸责任

孩子摔倒了，父母马上说：“不疼，不疼，都是地板害的，然后，打地板”，孩子遇到挫折时，为了安抚孩子的情绪，把问题归咎于外界环境，这样只能让孩子失去自己对自己负责的责任心和在错误中反省自己的能力，养成遇到挫折怪罪他人的恶习。

2. 正确的处理方法应该怎样呢？

（1）理解、接纳孩子的情绪

孩子出现情绪反应时，父母应先用同理心和倾听的技巧，接纳孩子的情绪。当孩子知道你愿意理解他的感受，就会慢慢将心情沉淀下来。父母用同理心和倾听的技巧，接纳孩子的情绪，并不代表同意孩子的行为，更不是放任孩子把情绪表现当成工具，对父母予取予求。要让孩子明白：所有的情绪都是可以被接纳的，但是不当的行为必须被规范。

（2）协助孩子觉察、表达情绪并理清原因

父母要先运用言语反映孩子的真实感受，协助孩子觉察、认清自己的情绪，例如："看你哭得这么伤心，一定很难过，对不对？"响应孩子的感受，可以让孩子明了自己的感受。然后再协助孩子正确表达情绪，理清情绪背后的原因。只有找到情绪反应的真正原因，掌握孩子的心理需求，才能对症下药。

（3）引导孩子调整认知，思考解决方案

有经验的父母会等孩子情绪缓和下来，引导他调整认知，从另一种角度看待引起他困扰的事情，例如："玩具被同学不小心弄坏了，你觉得很生气。但是你打人没办法让玩具恢复原状。我们一起想想看有没有更好的方法，好不好？"

【案例1】

某一家三口，爸爸常年在外，妈妈平时又很忙，女儿由姥姥、奶奶来带，姥姥、奶奶带孩子，常会不由自主地娇生惯养，让孩子养成很多不好的习惯，如挑食、不好好吃饭、不好好穿衣服等，导致孩子不仅身体肥胖，还养成了"好吃懒做"的坏行为。

孩子的妈妈发现孩子遇事急躁，总爱出错，虽然学东西和动手能力特别强，但是，常常因急躁而落后于其他小朋友，妈妈意识到这是孩子不健康的行为方式导致的，告诉孩子：做事时，要提示自己："慢、慢，不急"，没想到，这一招还真灵，孩子才两岁，遇到自己感到有困难的事情时，嘴里就念叨出："慢、慢，别急"，还学会了"洗菜、拖地板、给爷爷奶奶端水、送食物"等，与其年龄不符的很多本领。

从此以后，奶奶从一日三餐的某些细节做起，改变了孩子的饮食习惯，慢慢地孩子的体重减下来了，大脑反应也比以前快了，又学会了许多小朋友做不来的游戏……从此，父母和婆婆、姥姥、姥爷把对孩子的关注点逐步转移到孩子的行为习惯的养成上，爸爸从外地赶回来，妈妈也在忙中常常关注孩子的习惯养成……

有时候遇到难题，孩子常把事情推给大人做，大人给她买的玩具，也不太爱动，女儿特别期待和爸爸一起玩，只要爸爸在家，就缠着爸爸带她玩，爸爸用面做出一个可爱的小玩具，女儿看到都特别兴奋，学着爸爸的样子捏“四不像”，捏不好就让爸爸教她，自己在旁边很认真地学，很快也捏出个像模像样的小鸡、小狗、小兔子等。

妈妈看到女儿的变化说：“只要开动脑筋，什么事都可以学会，不要爸爸教，你自己也能做到。”

女儿歪着脑袋想了想，一会儿有了灵感，迅速揪了一块面揉搓起来，边揉边想，一会儿工夫，一个奥特曼就横空出世了，爸爸、妈妈、奶奶、姥姥不禁鼓起掌来赞叹女儿：“真有创意，这可是你的第一件作品啊！一定要好好收藏。”

女儿听了，很开心，爸爸告诉她：有人用面做艺术品，做得好的就是“艺术家”，女儿很快爱上了“捏面人”，还说“要捏出个动物乐园”呢。

【分析】

现在一般家庭都是老人带孩子，很容易出现隔代亲，导致孩子的性格傲慢，脾气暴躁。

父母要关注当孩子第一次因为想要的东西得不到而发脾气或者哭的时候，父母绝对不能惯着他，你只要妥协了一次，他只会越来越严重。所以，当发现孩子情绪出现问题，父母要及时给予关注，正确引导，就像案例中妈妈发现孩子情绪暴躁，提醒孩子“做事时要提示自己：‘慢、慢，不急’”。所以，孩子的情绪问题很大程度上是因为父母没有用心，而不是孩子本身的问题。

【案例2】

最近邻居小林遇到了一个问题，发现自己的孩子情绪管理能力非常差劲，只要没有满足孩子的需求，孩子就会在地上撒泼打滚，哭着闹着，不管自己怎么跟孩子讲道理，孩子都不愿意听。平时在家这样也就算了，忍忍也就过去了，但是孩子越来越变本加厉了，现在越是人多，就越要闹。每次出去玩总要吵一次架，这就算了，回到家以后还得再教育孩子一番，不仅玩得累，回到家以后心更累，看孩子那哭哭啼啼，认为自己没错的样子，小林心里更烦。

【分析】

孩子在地上打滚给父母施加压力的时候，其实很多父母都错了，很多父母看到孩子躺在地上，就一下接受了孩子的要求。但是，如果孩子知道这是有效的，接下来就用这种方法实现自己的愿望。所以面对孩子的威胁时，父母可以这样试着跟孩子说：地上打滚是没用的，告诉孩子你想躺在地上多久就多久吧。父母在确保孩子安全的同时，尽可能地让孩子发泄自己的情绪，允许孩子表达自己的情绪，父母要接纳孩子的情绪，对孩子来说，描述情绪本身就不是件简单的事，更何况孩子没有清晰的情绪认知，他们甚至描述不出自己的情绪。因此父母做好孩子的情绪管理老师，教会孩子分辨各种情绪的同时，教孩子正确处理情绪。

多么生动的家庭生活教育课啊！父母和爷爷、奶奶、姥姥、姥爷的行为，影响着孩子的成长，不仅激励孩子修正了不足，还培养了孩子的兴趣，为孩子的人生奠定了基础。

认知：

理解：

做一件什么事	怎么做	对你的触动

准备：

学会做：

习惯源于行为，决定性格

人们的一个动作、一种行为，经过多次重复后则进入潜意识，变成习惯性的动作，这种习惯性的动作故称为“习惯”。人的知识积累、技能的增长、极限的突破都离不开行为形成习惯的过程。“人之初，性本善，习相近，性相远”讲的也是这个道理。习惯是行为的结晶，人的习惯是由若干个相关的行为反复训练形成的。

心理学研究发现：人们掌握知识，导致各类事物的发生，把秩序带入生活的方方面面，无一不与行为有关，而这些行为的产生又与情绪相关。

在家庭生活教育中，父母稳定孩子的情绪、制定生活目标、解决实际问题，以及培养孩子的阅读、为人处事能力，都十分重要。

孩子离开了行为就不能对外界环境做出适当的反应。比如，孩子在特定时间、注意力的集中与转移等有效行为都依赖于这三方面要素的相互作用，才会使本能、行为、习惯产生作用，创造价值。

1. 人的“本能”从“种子”开始萌生

从“着胎”开始人的“本能”就开始“萌生”。俗话说：“种瓜得瓜，种豆得豆”，意思是说：孩子未来成为一个什么样的人，从父母亲的体内就开始了“萌生”了，有句话“有其父必有其子”也是这个道理。孩子与生俱来的本领，不仅仅是“胎儿”着胎后，通过“胎教”（母亲）实现的，在“胎儿”着胎前精子与卵子（种子）的培养，也十分关键。就像一颗不健康或不成熟的“种子”，难以形成参天茁壮的大树一样，有人提出：“教育要从种子开始培养”就是这个道理。“胎儿”着胎后到出生后的生活环境一般是非常安全和舒适的，孩子出生后出现的一些疑难杂症往往取决于着胎前父母亲的种子（精子与卵子）培养，孩儿随着环境骤变而变，开始接受外界的刺激（包括母体的刺激），如吮吸奶头、手指或其他物体接触，新生儿便立即做出相应的动作。

随着孩儿年龄的增长，父母亲在“种子”（精子与卵子）时期的行为对孩子的影响越来越凸显，说话、唱歌、跳舞对一些事物的反应等一系列的行为，都与父母亲十分相像，尤其是突然表现出的一些行为，完全是母亲在孕期，还有些是在孕前的行为，孩子在两三岁后，表现出来了，有人说是遗传，实际上就是父母亲在种子（精子与卵子）期培养的。

2. 行为与习惯的相互作用

心理学研究认为：行为、环境、个人内在三个因素，三者相互影响、交互作用，构成一种三角互动关系。从这一观点出发，要培养良好的习惯不能等待“习以为常”“习焉不察”，更不能“习是成非”，应以社会与家庭需要的价值取向引导孩子有意识地加以训练，以形成良好的习惯。

3. 习惯来自行为的调节

班图拉的自我调节论认为：人的行为不仅受外在因素的影响，也可通过自我生成的因素即：自己调节自己的行为。他指出：“如果行为仅仅由外部报酬或惩罚所决定，人就会像风向标一样，不断地改变方向，以适应作用于他们的各种短暂影响……事实上，除了在某种强迫压力下，当面临时各种冲突时，人们具有自我指导的能力，使得人们可通过自我的结果为自己的思想感情和行为施加某种影响。”所以，良好的行为习惯形成的过程是人将外在的要求内化为自身需要的过程。

4. 行为的反复即习惯养成

习惯形成的过程通常可分为三个层次：第一层是不自觉阶段，不须外力的督促，靠自我本能的不断强化，由条件反射而形成习惯；第二个层次是自觉的行为，需要一定的意志努力，靠内部的自我控制，由于行为的“习以为常”一般也不需要外部监督，这个层次是经过反反复复，多次重复，如果这种行为遭到破坏，才需要内部调整，即外部监督；第三个层次是自动化，即陶行知讲的“自动自发”，达到类似本能的程度。“自动自发”也不需要监督，需要的只是孩子的意志努力即“习惯的养成”。

一旦孩子形成良好的习惯，如认真的学习态度、以学习为乐趣等，孩子就会自觉地看书、写字，积极动耳、动眼、动手、动口，坚持自学、课前预习、课后及时复习，这就达到了教育的最佳效果。

认知：

理解：

做一件什么事	怎么做	对你的触动

准备：

学会做：

严格要求也要讲究方式

父母对孩子严格要求，没有任何过错，但是，一定要讲究方式方法。

1. 不要用威胁性的语言吓唬孩子

不少父母对孩子的要求喜欢说“不”，如不许拖拉、不许啰唆……

有的父母喜欢用威胁性的语言来吓唬孩子。比如，你再不起床我就打断你的腿，你再挑食我就把你扔到山里喂老虎……其实，这种方法不如用正确引导的方法更有效。试想：你真的能把孩子扔到山里喂老虎吗？从小就这么吓唬孩子，等真正想制止孩子的某些行为时，父母的作用就削弱了。

父母要让孩子养成好的习惯，就要在孩子的行为还没形成习惯前，注意纠正和引导，这就是“塑造”。孩子一旦有了不良行为，如父母不能及时发现并给予纠正，孩子的行为就很容易养成不良习惯，等我们意识到时，再想纠正就难了。

2. 要利用孩子欲望，促使养成好习惯

诱导孩子好的行为就是说：要利用好孩子的欲望，给予及时诱导，促使孩子形成好的行为。比如，孩子做作业总是拖拖拉拉半天做不完，10分钟的作业，边玩、边写要磨蹭一个小时。要么就是父母催促一下写一点，不催促就又玩别的东西去了。

这时，你就可以说：“儿子，快写作业，写完作业我就带你去玩。”“儿子，快点写，写完我带你到桥头公园去滑冰。”“儿子，赶快写完作业，今晚爸爸陪你看一部好片叫《白色星球》，非常好看。”“儿子，快写，爸爸今晚上陪你下棋。”……

由于兴趣的欲望，儿子会很高兴，马上就会抓紧时间写作业。当然，父母必须兑现自己的诺言，怎么说就怎么做。这样一次、二次、三次……孩子就会产生快速、认真完成作业的行为，这种行为经过不断地重复，就会形成快速、高效完成作业的良好习惯。

再如，儿子老是晚睡、晚起，到了晚上10点都不肯睡觉，早上又起不来。

这时，你就可以说：“儿子，你不是想打羽毛球吗？说

实话，下午我实在抽不出时间陪你打球，你要真想打球，明天早上我可以陪你打球。”

由于儿子急于打羽毛球，晚上他就可能要早睡。

第二天早上，你可以提醒儿子喊：“儿子，起床喽，打球去喽。”

由于兴趣的欲望，儿子会一骨碌从床上爬起来，高高兴兴跟你打球去了。

这种行为一旦产生，经过不断地重复，就会养成早睡、早起的好习惯，儿子晚睡、晚起的坏习惯可能就改掉了。

在现实生活中，没有谁会愿意被强迫。如果父母动辄把孩子拉到身边，对孩子说：“来，我得教育教育你。你应该好好学习、好好吃饭、好好……”孩子不仅不会接受你这样的强迫性教育，还会从内心里“讨厌”。

认知：

理解：

做一件什么事	怎么做	对你的触动

准备：

学会做：

影响习惯养成的四个因素

要孩子养成良好的习惯，父母就要经常检讨以下四个问题：

1. 父母为孩子做了什么

父母行为习惯的典范作用远比给孩子做什么、采用什么教育方法更重要。

2. 父母给孩子的行为规范是什么

榜样的作用是无穷的。决定孩子习惯的优劣，除了遗传因素和人格发展，更重要的就是父母的行为典范。

3. 父母的喜好与孩子的兴趣是否匹配

如果父母是个爱读书的人，家里有很多藏书，就算你没有坚持每天给孩子读书，你天天兴致勃勃、手不释卷的样子，也会被孩子看在眼里记在心上，他们会认为读书是生活的一部分，孩子就会自然而然地读书。

4. 父母的喜好与家庭环境是否有利于孩子良好习惯的养成

倘若家里每天都有牌局，天天出入的都是牌友，夫妻间讨论的也净是牌技和牌运，就算你在关注孩子的学习，即便是每天坚持给孩子读上一小时的书，孩子对书的兴趣也不会比对麻将大。孩子会很自然地误认为：大人喜爱的麻将牌才是生活中必不可少的内容。

譬如，政治家的孩子从小就看到父母在家中和同事商讨等各种政治话题，很自然地就会掌握其中的言谈举止和交往技巧；商人的孩子从小就见识进货、销售、盈利、亏损，长大后经商，即使是新手，对商业的理解和兴趣也会比常人深。所以说：父母想要孩子成为什么样的人，自己首先要成为这样的人，也就是说父母的性格和优缺点直接影响着孩子的成长。

【案例1】

多多是小李堂妹的孩子，最大的缺点是磨蹭，就连吃饭的时候也边吃边玩。

小李的堂妹在孩子磨蹭的时候就用给孩子数数的方法教育孩子，刚开始的时候还管用。孩子如果没立刻在她数到三的时候服从命令，就会大声训斥孩子，于是数数就成了她管教孩子的有效手段。

没想到这种教育效果持续时间不长，当她数到三孩子不服从，堂妹吼也不起作用了，就演变成不听话就捏孩子大腿。做妈妈也不舍得使劲儿捏，小罚大戒让孩子略有痛感就达到了目的。再后来“掐”也不管用了，孩子还会嘻嘻笑着说不疼，不疼。

由于经常一起吃饭，作为一个旁观者，看到堂妹用数一二三毫无作用的教育手段，孩子吃饭磨蹭的毛病不仅没有改掉，反而还把这种手段用在爷爷奶奶身上，对爷爷奶奶指挥：“我数一二三，不听我话就……”那小模样和堂妹一模一样，孩子的为人处事就是大人的影子。

【分析】

“孩子如果没立刻在她数到三的时候服从命令，就会大声训斥”“我数一二三，不听我话就……”作为父母看到孩子动手的行为，本应表扬和鼓励，可父母给的全是“命令”，孩子怎么可能会信服？命令式的教育怎么能培养孩子的好习惯呢？

【案例2】

天热，王琳下班买个西瓜回家，儿子看到特别想吃，拿着刀自己就要切，对着西瓜正要准备拦腰一切的时候，王琳爱人马上制止道：“不对不对，这样切不行，要这样，从蒂到脐这样下刀。”王琳立刻反驳说：“让他自己切，就应该随他自己，孩子一做事情就受指点，该放不开手脚了。”果然，孩子没有通过自己切西瓜这件事而感受到乐趣，反而受到爸爸的指责。

无独有偶，王琳也听同事聊起类似的事情，她的同事跟她说：“我女儿在砧板上切丝瓜，切得可高兴了，让他爸爸看到了，很不耐烦地对女儿说：“没听说过有切丝瓜的，宝贝，丝瓜是用来削皮吃的。听他这么一说，给孩子弄得无从下手，莫名其妙，不知该怎么做了。”

【分析】

“不对，不对，这样切不行，要这样，从蒂到脐这样下刀。”“没听说过有切丝瓜的，宝贝，丝瓜是用来削皮吃的。”作为父母看到孩子动手的行为，本应表扬和鼓励，可父母给的全是“否定+否定”，孩子的积极性哪里来？这种教育方法怎么能培养孩子的好习惯呢？

【案例3】

肖明在公司上班，每天晚上回到家很累就躺在沙发上玩游戏，以前是王者荣耀、现在是刺激战场。他的儿子回到家很想看爸爸玩游戏也想和爸爸一起玩，但是这时肖明就会严厉地对他儿子说：“小孩子玩什么游戏，快去写作业。”他儿子非常不情愿地去房间写作业。到了晚上九点钟，小明的父母还在客厅看电视，却对正在和他们一起看电视的儿子说：“快去睡觉，时间不早了。”他们的儿子非常委屈，说道“为什么你们可以玩游戏也可以看电视到很晚，我却不可以，读书一点都不好玩，我不想读书了，我想和你们一起上班，这样我也可以回家就玩游戏，还可以看电视到很晚。”

【分析】

肖明自己玩游戏却对儿子说让他去写作业，不准玩游戏，肖明夫妻俩自己看电视到很晚，却要求儿子早点上床睡觉，因为没有给儿子树立榜样，所以他们的儿子不愿意按照他们的要求去做。所以父母对孩子的要求，父母首先自己要做到，给孩子树立一个榜样，给孩子营造一个好的家庭氛围，从而帮助孩子养成良好的习惯。

认知：

理解：

做一件什么事	怎么做	对你的触动

准备：

学会做：

适当体育活动保持活力

科学研究证明，体育活动可以促使头脑清醒、思维敏捷。因为体育运动能够使大脑获得积极性休息，改善大脑的供血状况，使大脑保持正常的工作能力；体育运动能够促进血液循环，提高心脏功能，特别是在运动时，冠状动脉的血流量要比安静时高10倍。

国外一位生物学家实验发现，马拉松运动员的冠状动脉的直径要比一般人长1～2倍，这就是运动能预防冠性病的生理依据；运动还能改善呼吸系统的功能。由于肌肉活动时需氧量增加，呼吸加速、加深，这就促进了肺及其周围肌肉、韧带的发展和功能的提高；运动还可以使骨骼、肌肉结实有力。

实验证明：一般人的脊骨只要300公斤的压力就会折断；但经常参加身体锻炼的人的脊骨，可以承受350公斤的压力而不折断。这是因为运动不仅增进人的健康，还可以调节人的心理；经常锻炼身体还可以提高人体的适应能力和对疾病的抵抗力，能够防病治病，推迟衰老，使人健康长寿。

对于孩子来说，游泳、体操、长跑、武术、骑自行车，以及各种球类活动都是极好的运动锻炼项目。

在运动锻炼上，父母可以根据孩子的兴趣、爱好以及体质状况加以选择。在此，要提醒父母注意的是：在孩子锻炼时要注意一要适度，二要持之以恒的要点。

当下，人们的生活既紧张又繁忙，孩子在繁忙和紧张的学习和生活之余，从事一些自己感兴趣的事，对于调养孩子的心情、消除身体疲劳是很有好处的，如让孩子练练书法、玩玩乐器、画画、集邮、下围棋、摄影、小制作等，都是增进孩子身心健康的理想项目，父母可根据孩子的兴趣选择和培养，让生活中孩子感兴趣的事物成为孩子的兴趣和爱好，尽可能在活动中有所创造。

【案例1】

3 岁的乐乐是个活泼好动的孩子，看见妈妈爸爸打羽毛球特别感兴趣，看到羽毛球拍子就要玩。

乐乐妈见孩子迫切想玩羽毛球拍的那种天真可爱的样子，就给他买了一套小的羽毛球玩具拍，在家也经常陪他一起玩，这样既锻炼了孩子的手、脚、眼的协调能力，还培养了孩子对体育活动的兴趣。

乐乐从开始拍子都不会拿，到现在已经可以和妈妈对打几个回合了。

慢慢地，乐乐妈发现小乐乐非常喜欢这样“玩”的方式，乐乐妈就又有意识地和他玩单腿跳、走直线等，锻炼乐乐的平衡能力。

每次下班回家或者周末乐乐妈总会带孩子到户外走走看看、爬楼梯、爬山，或者让孩子做自己喜欢的活动，不知不觉孩子身体素质得到了很大的提升。

喜欢运动的小乐乐也感受到了运动带来的快乐和喜悦。

【分析】

“乐乐妈见孩子迫切想玩羽毛球拍的那种天真可爱的样子，就给他买了一套小的羽毛球玩具拍”，妈妈不仅及时发现孩子的兴趣，还主动鼓励孩子，坚持锻炼，对孩子的成长，十分有利。

【案例2】

琳琳和萌萌是两个喜欢跳绳的小女孩儿，但她们爱上跳绳的原因可不一样。

琳琳偶然一次在院子里看到小伙伴跳绳时，感觉她们手中的跳绳在空中飞舞，仿佛是一个舞者在跳跃，就在那一刻，琳琳迷上了跳绳。

从那以后每参加活动或比赛，琳琳都会得到名次，琳琳也因此收获了自信，喜欢上了运动。

萌萌小朋友从在幼儿园起，每次跳绳比赛，萌萌都是班里的第一名，在所有的运动项目中，萌萌也最喜欢跳绳了，通过跳绳萌萌身体变得特别灵活，也很少生病，每天都是乐哈哈的。

两个喜欢跳绳的孩子，不仅拥有令同龄小伙伴们羡慕的身体素质，也有着一般孩子没有的韧性和乐观。

【分析】

“两个喜欢跳绳的孩子，不仅拥有令同龄小伙伴们羡慕的身体素质，也有着一般孩子没有的韧性和乐观。”

两个不同的孩子，所取得的成绩，都是从“喜欢”开始的，“喜欢”即“兴趣”对孩子来说，是多么重要啊！父母重视孩子的兴趣，对孩子的成长十分重要，不仅鼓励孩子运动，还促使孩子掌握技能，何乐而不为呢？

认知：

理解：

做一件什么事	怎么做	对你的触动

准备：

学会做：

对儿童行为素质的调查

哈佛大学著名教授史蒂芬·列维特和史蒂芬·都伯纳的儿童教育研究成果推出了16项激励孩子成长的因素：

通过将这16项因素同孩子成绩提升的情况的研究和分析，得出与孩子成绩好高度相关的仅有：

孩子的父母受过良好教育；孩子的父母有着很高的社会经济地位；孩子的母亲是在30岁（或者30岁以后）的时候生下第一个孩子的；孩子出生时的体重较轻；孩子的父母在家说普通话；孩子是领养的；孩子的父母参加父母教师协会；孩子家里有很多藏书这8项因素。与孩子成绩无关的8项因素是：孩子的家庭非常和睦；孩子的父母最近刚刚搬到一个比较好的小区；孩子的母亲在孩子出生以后到上幼儿园之间的这段时间里没有工作；孩子参加了儿童发展进步计划；孩子的父母经常带孩子去博物馆；孩子经常被打屁股；孩子经常看电视；孩子的父母几乎每天都给孩子读书。

这个结果的确令人困惑，许多认为对孩子成绩很有影响力的因素，比如："孩子的父母最近刚刚搬家到一个比较好的小区；经常带孩子去博物馆；孩子的父母几乎每天给孩子读书"被证明不能影响孩子的成绩。而另一些因素，比如："孩子的母亲是在30岁（或者30岁以后）的时候生下第一个孩子的；孩子出身时的体重较轻"被证明可以影响孩子的成绩，等等。这两组因素的分布形成了这样一条规律：影响孩子成绩的因素是父母本身的特点，即"父母是一个怎样的人"（图1）。

本章复盘

◎ 小问题

回答下面的问题，帮助你理解健康教育在家庭教育中的必要性。

1. 习惯养成的目的是什么？
2. 习惯养成首先要做到什么？
3. 习惯养成的步骤是什么？
4. 习惯养成有哪些要注意的环节？
5. 习惯养成有什么效果和表现？

6. 习惯养成和掌握知识应该如何区别？

7. 习惯养成的方式不同，效果有什么不一样？

8. 对孩子习惯养成的问题有哪些？

如何做更好的父母

◎收起你的懦弱，摆出你的姿态，培养孩子健康良好性格，不要打击孩子的积极性！

◎就算周边的人（含家庭成员）都否定孩子，你也要相信孩子，不要管别人的看法。

◎孩子的能力是通过习惯培养出来的，要相信，世上本没有做不到的事，只有不去做的事。

◎不管孩子如何，都可能不被欣赏，总有人认为他不够好，不管别人怎么看，你都不能不注意培养孩子的良好习惯！

“管理好自己”思考题

【反向思维】

◎习惯养成没有用，孩子就是不愿意学习！

◎习惯养成到位了，孩子还是不好好学！

◎我对孩子的习惯养成，道不同不相为谋！

◎对孩子习惯养成不到位，反而被别人瞧不起！

【正向思维】

◎习惯养成之后，家庭和睦了！

◎习惯养成之后，孩子的能力提高了！

◎习惯养成之后，父母与孩子相处更融洽了！

◎习惯养成之后，父母与孩子的误会没有了！

与心对话

每日一问：

家庭生活中总有一些磕磕绊绊的冲突点，很多事情都需要习惯养成，你面对这些问题是怎么解决的？你身边的家庭又是怎么处理的？

请将在家里看到的记录下来：

陶行知说：儿童学者告诉我们凡人生所需之重要习惯、倾向、态度多半可以在六岁以前培养成功。换句话说，六岁以前是人格陶冶最重要的时期。这个时期培养得好，以后只顾顺着他继长增高的培养上去，自然成为社会的优良分子；倘使培养得不好，那末，习惯成了不易改，倾向定了不易移，态度决了不易变。

养成习惯　培养性格

- 性格源于习惯，决定命运
- 习惯在个人成长中的力量
- 习惯是孩子成才的种子
- 成才需要养成的十二种习惯

性格源于习惯，决定命运

“性格决定命运”，说起这句话的哲理，我们不妨从性格的定义谈起，翻开普通心理学教科书，就会发现这样的定义：性格是人对现实稳定的态度和习惯化的行为方式的总和。良好的行为习惯构成良好的性格品质，坏习惯构成不良的性格品质。

良好的行为习惯和不良的行为习惯对人未来的发展至关重要，好习惯是人的一笔终身财富，让孩子从一点一滴做起，从现在做起，养成良好的行为习惯，形成良好的性格，将来无论做什么，好的习惯都会让他们受益终生。

我们可以总结为：行为决定习惯，习惯决定性格，性格决定命运。如果倒过来说也算成立。

为人父母要正视自己和孩子的生活和现状，倒推生命过程，找到自己和孩子的人生最终目标和价值，不仅改善自己的，也要熏陶孩子的行为、习惯、性格。也只有这样，性格和命运才能使家庭的幸福互相推动、积极向上。我们不能单单只讲性格决定命运，要明白性格是习惯养成的，抛弃“听天由命”的、消极的人生态度。

“性格决定命运”是成功的人生的一个重要因素，但是，“性格”绝对不是天生的，它主要是指人在一定环境下的影响力，重要的是给他人的印象或感觉，如谈吐的文明，情绪的控制力等。这里要特别指出的是：命运不是性格的唯一改变量，在命运中，运气是非常重要的。从某种意义上来说，一个人命运中的比例，一半左右于运气。而运气本身，并非全由老天（遗传）安排，为什么当今网络上你运气不好就被人称为“RP 问题”，“RP”指代“人品”，这就不难理解性格也是组成运气的一个因素。

【案例1】

在一次酒会上，小 A 遇到两个同样出色的人，一个叫阿牛，一个叫以轩，如果他们两个同时来竞聘你的形象代言人，你会选谁？你可能会说：我要看谁的形象好，因为仅仅几个小时的时间，你不可能很了解他们的兴趣、爱好、性格特点。这就是命运不是性格决定的例子，在诸多公司的招聘中，被录用的人，往往被发现的只是表面的、能直观看到的，如字体非常工整、服饰整齐、捡起纸团扔进垃圾桶、说话的时候很流畅等，至于他们的性格、内涵很难被发现，只能观察到其认真、严肃、爱清洁、思维清晰、思维明快等特点而已。这就是一般公司都要增加一条“试用期”的原因。

【分析】

个性与性格对于父母与孩子来说可能很难意识到有多么重要，但是一旦在别人的眼光里，判断个性与性格就不那么简单了，如遇到挑剔的人往往使孩子的运气下降。所以说性格影响命运，既然我们明白行为形成习惯，习惯酿就性格这个道理，也就是说：孩子的性格是可以由不好变好的，我们为什么不及早在孩子的行为习惯上下功夫培养呢？换句话说：孩子的命运也是可以改变的。

切记：性格的改变不可以用外力更改，要从内在开始，如读好的书，跟高尚的人在一起，做该做的事，时刻让孩子记住：梦想是在不知不觉中产生或达到的，是因为性格已经在潜移默化中发生着质的改变。不同的人，不同的性格：相信命运的人在等待；相信机遇的人在寻找；相信自我的人在开拓。性格的成熟是相对的，绝对的成熟是不存在的。从人所处环境的变化不定来讲，性格也有一定变化，在孩子的人生中，除非有较大刺激（如失恋、对自己重要的人发生意外、重大失败或挫折等），人的性格一旦形成也就基本稳定不变。

认知：

理解：

做一件什么事	怎么做	对你的触动

准备：

学会做：

习惯在个人成长中的力量

观念决定行为，行为决定习惯，习惯决定性格，性格决定命运！习惯的力量是惊人的。习惯能载着你走向成功，也能驮着你滑向失败。习惯的力量是惊人的，一般来说，35岁以前养成的习惯决定着你是否能成功。

【案例1】

有这样一个寓言故事：一位没有继承人的富豪死后将自己的一大笔遗产赠送给远房的一位亲戚，这位亲戚是一个常年靠乞讨为生的乞丐。这名接受遗产的乞丐立即身价一变，成了百万富翁。新闻记者便来采访这名幸运的乞丐："你继承了遗产之后，你想做的第一件事是什么？"乞丐回答说：

“我要买一只好一点的碗和一根结实的木棍，这样我以后出去讨饭时方便一些。”

【分析】

可见，习惯对我们有着极大的影响，因为它是一贯的，在不知不觉中，经年累月地影响着我们的行为，影响着我们的效率，左右着我们的成败。

一个人一天的行为中，大约只有5%是属于非习惯性的，而剩下的95%的行为都是习惯性的。即便是打破常规的创新，最终可以演变成为习惯性的创新。

根据行为心理学的研究结果：3周以上的重复会形成习惯；3个月以上的重复形成稳定的习惯，即同一个动作，重复3周就会变成习惯性动作，形成稳定的习惯。

【案例2】

有个动物学家做了一个实验：他将一群跳蚤放入实验用的大量杯里，上面盖上一片透明的玻璃。跳蚤习惯性爱跳，于是很多跳蚤都撞上了盖上的玻璃，不断地发出叮叮咚咚的声音。过了一阵子，动物学家玻璃片拿开，发现竟然所有跳蚤依然在跳，只是都已经将跳的高度保持在接近玻璃即止，以避免撞到头。结果竟然没有一只跳蚤能跳出来——依它们的能力不是跳不出来，只是它们已经适应了环境。

后来，那位动物学家就在量杯下放了一个酒精灯并且点燃了火。不到五分钟，量杯烧热了，所有跳蚤自然发挥求生的本能，每只跳蚤再也不管头是否会撞痛（因为它们以为还有玻璃罩），全部都跳出量杯以外。

【分析】

这个实验证明，跳蚤会为了适应环境，宁愿降低才能、封闭潜能去适应。人类也是如此。

人类在适应外界大环境中，又创造出适合于自己的小环境，然后用习惯把自己困在自己所创造的环境中。所以，习惯决定着你的活动空间的大小，也决定着你的成败。养成好习惯对于你的成功非常重要。

心理学巨匠威廉·詹姆士说：“播下一种行为，收获一种习惯；播下一种习惯，收获一种性格；播下一种性格，收获一种命运。”

认知：

理解：

做一件什么事	怎么做	对你的触动

准备：

学会做：

习惯是孩子成才的种子

“播下一种行为，收获一种习惯。”在人们已经高度重视“素质”教育的今天，解决孩子德、智、体、美、劳全面发展的突破口应该就在孩子的习惯培养上。

我们从“清华雷锋三十个春秋沐浴、北大未名湖五个冬夏恩泽，商海大潮十载沉浮，九死一生，历尽磨难，半个世纪漫漫人生”的生命力中，不得不阐释出这样一个真理：人在各个方面养成习惯，做事自然就会坚持；任何事情只要坚持去做，自然就会不断进步；唯有不断进步的日积月累，才会变得更加有力，人生也才会展现一个个令人激动不已的神奇。

在家庭生活教育中，父母们是否思考过对孩子的日常生活“习惯”培养呢?

生活中只要我们反思，就不难发现忽视孩子习惯培养的一个重要原因就是：未能深入理解“习惯”对孩子的素质提升与成长、成才的重要价值。

什么是“习惯”呢?《新华词典》有这样解释：“长时期养成的不易改变的动作、生活方式、社会风尚等。”而我们的父母更多地理解停留在动作习惯上。比如，不随地吐痰、不乱扔纸屑等，深一步讲，我们的“习惯”教育是否可以从生活方式、社会风尚等方面认真思考呢?

《世界上最伟大的推销员》这本书的主题说的就是“习惯”两字。它所说的习惯，不仅仅是动作性的、生活方式性的、社会风尚性的，而是更广义的，是精神层面上的。在这本书中所述的人生成功的九大习惯上，把“我要用全部身心的爱来迎接今天”放在首位。并要求每天朗读三遍其中以爱为中心的、长达千字的精美散文，一连五个星期。当每天重复这些话的时候，爱就慢慢地渗透到了心灵，于是，一种好习惯便诞生了。

“习惯成自然”，这是我们中国人几十年，乃至几百年的口头禅，怎么一到具体行动上，就抛之脑后了呢?在日常生活中，孩子养成的既是一种好习惯，也是一种意愿，一种意愿的习惯，就会化为行动呢?还有一本书《高效能人士的七个习惯》谈到的“积极主动、明确目标、掌握重点、利人利己、设身处地、集思广益、综合平衡”七大习惯，也几乎涵盖了人生成功的几个最重要的原则。

如果我们把这样的习惯，纳入了我们的家庭生活教育中，孩子的人生是否由良好的习惯定位，良好的习惯是否可使他们健康成长？我们要解决的许多道德的、学习的、工作的、饮食的等等问题，不是迎刃而解了吗？

有人说：我家孩子不好好吃饭、不好好穿衣、不好好写作业……我们不能怪孩子啊，父母同志，我们是否可以换一个视角反思反思自己：是否把爱强加在对孩子小习惯的指责上，让孩子感觉到处处在约束他(她)？是否把高谈阔论的理论空谈看作是孩子的品德教育使孩子有了逆反心理？

如果我们对习惯有清醒的认识，对形成习惯的行动有明确的把握，通过孩子行为、习惯的培养，促使孩子性格的形成，不断地“播下一种行为，收获一种习惯；播下一种习惯，收获一种性格”，让其成为家庭生活教育的必然。在培养孩子的成长路上还有什么难题呢？

“不令而行”，换成陶行知的话就是说：“自动自发地学”是教育的高境界，当教师也好、做父母也好，培养孩子养成健康良好的习惯应当是教育工作者的重中之重。

认知：

理解：

做一件什么事	怎么做	对你的触动

准备：

学会做：

成才需要养成的十二种习惯

良好行为习惯的形成是一个知、情、意、行互相转化、互相促进的过程。针对当下孩子现状，我们是否可以根据孩子个性、兴趣、爱好，按照全面性、可行性、适用性、循序渐进性、差异性的原则，开展一些有利于孩子养成好的行为习惯训练呢？

1. 有目标的竞赛

让孩子了解勤劳俭朴与个人、社会、家庭的关系。

根据孩子特点开展“比一比、赛一赛”等活动；结合班级实际开展“教师讲一讲，孩子说一说”的勤劳俭朴训练。

2. 有趣味的劳动

使孩子养成爱劳动的习惯。通过让孩子参加各式各样的劳动大赛，培养孩子保持个人卫生，自己收拾房间，洗自己的东西，扫地清理垃圾，上街买卖购物，下厨房煮饭，整理书包等良好的生活习惯。

3. 爱惜粮食的习惯

使孩子养成衣食俭朴的习惯。组织孩子到边远山村考察参观农民种地，让孩子从实际观察中理解粒粒皆辛苦，看到自己生活的幸福，养成良好的爱惜粮食的行为习惯。

4. 温和、忍让礼貌待人的习惯

使孩子养成礼貌待人的习惯。家庭、学校共同对孩子进行礼貌语言的训练，形成学校、家庭相互促进、相互配合的效果。

5. 积极思维的好习惯

怎样养成积极思维的习惯呢？孩子在实现目标的过程中，面对具体的学习、工作或任务时，大脑永远不要有“不可能”三个字，取而代之应该是：“我怎样才能做到”，用积极的思考和有效的方法，来完成工作和任务。这样你就养成积极思维的习惯了。

6. 高效生活与工作的习惯

一个人成功的欲望再强烈，也会被不利于成功的习惯所撕碎，而融入平庸的日常生活中。所以说，思想决定行为，行为形成习惯，习惯决定性格，性格决定命运。你要想成功，就一定要养成高效率的工作习惯。

7. 养成健康生活的好习惯

注意饮食结构，合理膳食，以及注意养成好的卫生习惯等，都是养成健康习惯的组成部分。健康是“革命”的本钱，是成功的保证。健康成就自己。

8. 不断学习的好习惯

书中自有黄金屋。养成阅读的好习惯，打开你成功的大门！“万般皆下品，唯有读书高”的年代已经过去了，但是养成读书的好习惯则永远不会过时。每一个成功者都是有着良好阅读习惯的人。

9. 谦虚谨慎的好习惯

一个人没有理由不谦虚谨慎。谦虚谨慎对人类的知识来讲，离开了谦虚谨慎任何博学者都只能是不及格。谦虚谨慎不仅是一种美德，更是一种人生的智慧，也是一种通过贬低自己来保护自己的计谋。

10. 自制的好习惯

任何一个成功者都有着非凡的自制力。抑制不住情绪的人，往往伤人又伤己。如果司马懿不能忍耐一时之气，出城应战，那么或许历史将会重写。现代社会，人们面临的诱惑越来越多，如果人们缺乏自制力，那么就会被诱惑牵着鼻子走，偏离成功的轨道。

11. 风趣幽默的好习惯

没有幽默的人不一定就差，但是，懂得幽默的人一定是一个风趣开朗的人，因为他们更容易与人交往，受人喜爱（图2）。

12. 敬业、乐业的好习惯

敬业是对渴望成功的人对待工作和生活的基本要求，一个不敬业的人很难在他所从事的工作和生活中做出成绩。

认知：

理解：

做一件什么事	怎么做	对你的触动

准备：

学会做：

本章复盘

◎ 小问题

回答下面的问题，帮助你理解健康教育在家庭教育中的必要性。

1. 培养性格的目的是什么？

2. 培养性格首先要做到什么？

3. 培养性格的步骤是什么？

4. 培养性格有哪些要注意的环节？

5. 培养性格有什么效果和表现？

6. 培养性格和掌握知识应该如何区别？

7. 培养性格的方式不同，效果有什么不一样？

8. 对孩子性格培养的问题有哪些？

如何做更好的父母

◎收起你的懦弱，摆出你的姿态，培养孩子健康良好性格，不要打击孩子的积极性！

◎就算周边的人（含家庭成员）都否定孩子，你也要相信孩子，不要管别人的看法。

◎孩子的性格是通过习惯养成出来的，要相信，世上本没有做不到的事，只有不做，才适得其反。

◎不管孩子如何，都可能不被欣赏，总有人认为他不够，你不管别人怎么看，你都不能不注意培养孩子的良好习惯！

“管理好自己”思考题

【反向思维】

◎培养性格没有用，孩子就是不愿意学习！

◎培养性格到位了，孩子还是不好好学！

◎我对孩子的性格培养，道不同不相为谋！

◎对孩子性格培养不到位，反而被别人瞧不起！

【正向思维】

◎培养性格之后，家庭和睦了！

◎培养性格之后，孩子的能力提高了！

◎培养性格之后，父母与孩子相处更融洽了！

◎培养性格之后，父母与孩子的误会没有了！

与心对话

每日一问：

家庭生活中总有一些磕磕绊绊的冲突点，很多事情都需要培养性格，你面对这些问题是怎么解决的？你身边的家庭又是怎么处理的？

请将在家里看到的记录下来：

陶行知说：六岁以前是人格陶冶最重要的时期。这个时期培养得好，以后只要顺其自然，自然成为社会的优良分子；倘使培养得不好，那么，习惯成了不易改，倾向定了不易移，态度决了不易变。

成才需要养成的习惯

- 成功者需要养成的习惯
- 养成体育锻炼的习惯
- 养成珍惜时间的习惯
- 养成乐观向上的习惯
- 养成自我激励的习惯
- 养成爱动脑筋的习惯
- 养成幽默风趣的习惯
- 习惯培养的六个步骤
- 营造有利于孩子成长的环境

成功者需要养成的习惯

一个人要想取得成功，就必须养成良好的习惯。

父母想培养孩子成才，首先要了解孩子未来事业的成功需要培养哪些好习惯，怎样培养孩子的这些习惯。

成功人士并不见得比其他人聪明，但是，他们均具备良好的生活习惯，是好的生活习惯使他们变得更有教养、更有知识、更有能力；成功人士也并不是比常人更有天赋，是好习惯让他们训练有素、技巧纯熟；成功人士也并不比不成功者更有决心，或更加努力，也是好的生活习惯加大了他们的决心和努力，让他们更有效率、更具条理地工作和生活。也就是说，是习惯决定着人成功与否的命运。

孩子从幼儿园进入小学，从此就进入了紧张又愉快的学习生活，是孩子人生中的一个大的转折。

如何使孩子的人生有一个好的开端，是每一位父母都不会忽略的问题。

孩子进入小学后，有些父母只关注孩子知识的掌握，而忽视了良好习惯的培养。其实，对于小孩子来说，在某种程度上，习惯的养成比知识的获得重要得多。

我国著名教育家叶圣陶早就说过：“教育就是习惯的培养。”因为就人的学习来说，不仅是智力活动，而且还和非智力因素有关，诸如求知欲、学习意志和学习习惯等。

如果一开始只重视知识的掌握，忽视了这些非智力因素的培养，那势必要影响到孩子今后的进一步学习和发展。

俗话说："积千累万，不如养个好习惯。"就是这个道理。对孩子来说，从小养成一个良好的习惯是非常重要的。因为人的一生中，无论工作还是生活，都离不开学习。人只有热爱学习、善于学习、终身学习，生命才会大放异彩，事业才会获得成功。

一个人能否做到热爱学习、善于学习，在很大程度上取决于有没有养成良好的学习习惯。

如果从小就养成勤于学习、善于思索、认真实践、虚心求教等良好的学习习惯，那就为其一生打下了一个良好的基础。这个基础是实实在在的、牢固可靠的。

俗话说："5 岁养成的习惯，60 岁都难改。"这句话可能有些夸张，但却是有一定的道理。所以，父母对孩子进行教育的时候，一定要在培养学习习惯上多下功夫。

《三字经》开篇就有这样的句子："人之初，性本善，性相近，习相远。"意思是说：因为人们后天的"习"（习惯）不同，导致本是"相近"的人其发展结果却有很大不同。可见，习惯对人的重要。

凡成功的人士，在通往成功的路上，一定是培养了良好的习惯。总之，好习惯是孩子成功的基石，好习惯是孩子成功的阶梯。

【案例1】

父子俩住山上，每天都要赶牛车下山干活。老父比较有经验，坐镇驾车，山路崎岖、弯道特多，儿子眼神较好，总是在要转弯时提醒道：“爹，转弯啦！”

有一次父亲因病没有下山，儿子一人驾车。到了弯道，牛却怎么也不肯转弯，儿子用尽各种办法，又是推又是拉，或者用青草诱之，牛都一动不动。

到底怎么回事？儿子百思不得其解。最后只有一个办法，左右看看无人，贴近牛的耳朵大声叫道：“爹，转弯啦！”牛应声而动。

【分析】

习惯的力量是巨大的，甚至一头牛每天听到“转弯啦！”都会形成转弯的习惯，所以可见习惯对生物影响多么巨大。当孩子养成良好的习惯，也就会像那头牛一样，听到“转弯啦！”，便条件反射般“转弯”走向美好的人生。

【案例2】

小博雅是个聪明、顽皮的孩子，有时不想吃饭，你喂到嘴里，她一直含着；有时不想睡觉，怎么哄还是不睡；有时不想洗头，你给她洗个头全程都是哭的……

有一天，妈妈突然发现她上完厕所，会对着厕所说：“便便，拜拜。”

妈妈灵机一动，把这个方法用在了纠正她不好好吃饭、睡觉上面。

吃饭时妈妈说：“呀，我听到你的肚子在哭了，哭得好伤心啊！”

小博雅马上就“呜呜”地学着小肚子哭，还眼睁睁地看着妈妈，说：“咋整？”妈妈说：“你的肚子在说：‘主人主人，我好饿啊！你得赶紧吃饭，不然，我疼得要哭了。’”没想到小博雅真的大口大口地吃起饭来，吃完还说：“妈妈，你听听我的肚子还有没有哭啊？”妈妈说：“哇，你肚子笑了，笑得好开心。”

睡觉也是，妈妈会告诉她：要睡觉了，还告诉她为什么大人现在还不睡等等之类的话，等她睡醒后告诉她：因为，睡好了，玩起来才更有精神。

慢慢地，小博雅形成了好好吃饭、按时睡觉的好习惯。

【分析】

就像小博雅的父母，发现孩子会把不同东西赋予生命，小博雅的父母就用拟人化的语气教育小博雅养成按时吃饭睡觉的好习惯。

要使孩子养成良好的习惯，有时候需要父母用孩子更容接受的方式教育孩子，也就是需要父母学会用孩子们的“语言”同他们对话，这样可以收到意想不到的效果。

认知：

理解：

做一件什么事	怎么做	对你的触动

准备：

学会做：

养成体育锻炼的习惯

在孩子成长发育过程中，运动和饮食同样重要，合理的饮食，能为孩子身体健康提供保障，仅仅饮食健康还不够，经常锻炼身体，多到室外玩耍，才是保证孩子身体正常发育的关键。

7—8 岁的孩子正是身体发育的重要阶段，在这个时期内，运动对孩子的身体不只是起到疏通经络的作用，更重要的是还能促进孩子各个器官的生长。比如，心脏的发育，女孩在 11 岁，男孩在 14 岁时，心脏体积增长也是最为显著的，只有通过体育锻炼，逐渐增加心跳的次数，强壮心脏的肌肉，孩子的心脏才能获得良好的发展。

养成体育锻炼的习惯，不仅有利于孩子生长发育，还会使孩子受益一生。因此，父母要鼓励孩子养成体育锻炼的习惯，经常让孩子到户外接触阳光和大自然，确保孩子每天锻炼一小时。比如，男孩滚铁环，女孩跳绳、扔沙包等；另外一种方式就是父母要常和孩子一起设计一些对抗性的游戏，如三、四年级（10—12 岁）的孩子进行一些简单的球类运动，在传球、抛球、接球时，让孩子的身体不停地移动；扔沙包，来回打和躲等都是很好的游戏，对孩子身体的反应速度、灵活性和协调性都很有好处。

随着孩子年龄的增长，培养孩子一两项爱好，如在足球、篮球、排球、乒乓球、游泳、跳绳、单脚跳等都是很好的体育运动项目，一般孩子也很感兴趣。

孩子的运动需要循序渐进，小学阶段的孩子应该发展的身体素质是速度和灵敏性，不适合力量和耐力，跑马拉松、拔河、滑板这些活动是不适合的。同时，运动的强度也要掌握好，除去运动前的准备阶段和后面的整理运动。

一般以 30 分钟至 40 分钟为宜，运动要保持有一定强度，也就是心率每分钟 130 次左右，不要超过每分钟 170 次。

【案例1】

为了让小胖喜欢运动，胖爸爸费尽了心思，胖爸爸知道儿子平时喜欢腻着爸妈玩游戏，胖爸爸就想出一个办法，在游戏里让孩子做运动。胖爸胖妈每天晚饭后趁领着小胖出去散步的机会都会和孩子玩一会儿游戏。比如跑步，胖爸爸会在大约 10 米距离的对面放置 2—3 个萝卜玩具，然后和小胖玩拔萝卜的游戏，胖爸爸会和小胖说："兔宝宝看到对面的大萝卜了吗？咱们一起比赛去拔萝卜，看谁先拔到大萝卜，准备好了吗？跑喽。"边跑边有节奏地说："小白兔，大萝卜"，跑到对面再跑回来，孩子累了就休息一下，然后继续跑回到原地。发现孩子对拔萝卜的游戏不感兴趣了，胖爸爸再选别的游戏，不失时机在游戏里锻炼孩子的身体。

【分析】

小胖的爸爸为了让小胖养成爱运动的习惯，把枯燥无味的运动和有趣的事物联系起来，激发了小胖的兴趣，并且不断变换新的游戏。由此可见，想要培养孩子的兴趣爱好，可以让孩子在形成习惯中增加趣味性，这样孩子能更好接受，并且慢慢形成习惯。因此，兴趣是最好的启蒙老师。

【案例2】

琳琳妈妈认为孩子的身心健康比什么都重要，有好的身体孩子才能健康成长。琳琳妈妈从孩子几个月大开始就有意识锻炼孩子身体，比如通过让孩子趴着来锻炼孩子脖子、手臂、肩膀的力量。在孩子不同成长阶段，琳琳妈妈为了给孩子创造锻炼的机会，会改变家中的设施环境，比如软的立方体、垫子、高低床等能够锻炼孩子爬行、攀爬、走路的能力。在日常生活中，琳琳妈妈也不忘培养孩子的运动意识，领孩子在户外玩，琳琳妈妈会有意识让琳琳走走马路牙子，既好玩又锻炼了孩子的平衡力；爬爬栏杆，锻炼孩子的胆量，和孩子玩“单腿跳”等，孩子觉得特别有趣，也特别开心。琳琳妈妈说，孩子长到现在从来没去过医院，也没吃过药，一天总是乐呵呵的。

【分析】

琳琳的妈妈在生活中处处用心发现孩子一切可以成长锻炼的机会，并且根据孩子不同阶段，营造设计不同的锻炼项目，并且这些运动项目都是来源于生活。生活处处都是孩子锻炼的机会，只是我们缺乏一双发现的眼睛。只要父母用心培养孩子，孩子便可以在每天的生活中得到成长。

认知：

理解：

做一件什么事	怎么做	对你的触动

准备：

学会做：

养成珍惜时间的习惯

时间对于每个人来说都非常重要，拥有良好的时间观念，是一个人成功的前提条件之一。很多科学家、发明家、文学家他们之所以成功，都是因为他们是运用时间的高手。孩子能否安排好自己的时间，与他的学习效率有很大的关系。

有一名德国的诺贝尔奖奖金获得者拜尔，在他10岁生日前一天晚上高兴地盘算着：明天爸爸妈妈一定会带自己去商店买生日礼物，然后在家里好好地庆祝一番，或带自己到外面玩个痛快，因为在德国人眼中，生日是很重要的事情。可是没想到第二天，父亲照例忘我工作，母亲则领着他到外婆家消磨了一天。

对这样安排拜尔很不高兴，妈妈跟他说："你爸爸现在在学习，明天要考试，我不想因你生日耽误了他的学习时间。"这番话，成了拜尔受用终生的座右铭：不能因各种事情耽误了学习的时间。后来在70岁时获得了诺贝尔奖，在后来写的自传中，他回忆说："这是母亲送给我的10岁生日最丰厚的礼品。"

孩子的时间观念通常都不强，往往不能按问题的轻重缓急安排时间，而是全凭自己的兴趣来安排时间，往往造成时间的浪费。因此，父母要想办法培养孩子珍惜时间的好习惯。

对孩子珍惜时间的培养，是保证孩子身心健康的关键。要让孩子健康成长，父母首先要让孩子知道时间的价值；其次，作息要有规律。这样长之以往，孩子才会珍惜时间，按时作业。

孩子在6—12岁（小学阶段），具有很强的随意性，自控能力较差。

常常是这件事没做完，又想起那一件事；做事总是杂乱无章，没有时间观念，更缺乏条理性。这时候父母如不注意培养孩子珍惜时间的习惯，孩子就会养成拖拉的坏习惯，久而久之，这种坏习惯就会根深蒂固。

再有，这个年龄段的孩子往往分不清自己要做的事情的重要程度，这是孩子不善于利用时间的一个原因，所以父母要指导孩子按照任务的轻重缓急来安排时间。比如，每天放学回家，先要复习、做作业、预习，收拾好明天上学要用的物品，再来进行课外阅读、电视等。但是，千万别忘了给孩子玩的时间。

有很多父母认为孩子没有了玩的时间是由于他们作业做得慢，因此不断催促、埋怨孩子，甚至惩罚孩子用更长时间来学习。

其实，孩子是因为父母把自己的时间安排得满满的，完全没有自己支配的时间，才会变得拖拖拉拉，甚至对学习产生厌倦情趣，心烦意乱，错误百出，时间久了就会造成恶性循环。

培养孩子珍惜时间的好习惯。父母要让孩子知道时间的宝贵，引导孩子有规律地作息，并安排好一天要做的事情，不要忘了要留给孩子玩的时间。

【案例1】

富兰克林是美国著名的科学家、《独立宣言》的起草人之一。有人问他：“您怎么能够做那么多的事情呢？而上帝也不多给您一点儿时间呀！”

“你看一看我的时间表就知道了。”富兰克林答道。他的作息时间表是什么样子的呢？

早晨5点：起床，规划一天的事务，并自问：“我这一天要做好什么事？”

上午 8 点至 11 点，下午 14 点至 17 点：工作。

中午 12 点至 13 点：阅读、吃午饭。

18 点至 21 点：吃晚饭、谈话、娱乐、回顾一天的工作，并自问："我今天做好了什么事？"朋友劝富兰克林说："天天如此，是不是过于……"

"你热爱生命吗？"富兰克林摆摆手，打断了朋友的谈话，说，"那么，别浪费时间，因为时间是组成生命的材料。"

【分析】

富兰克林将自己的时间规划好，就是为了合理利用时间，不浪费每一天的时间，因为时间是组成生命的材料，正是因为他对于时间的珍惜，每天都按照规律的作息，所以他才能取得如此成就。父母在教育小孩的时候要培养他们珍惜时间的习惯，可以和孩子一起制定一个属于他们的作息表，帮助他们养成珍惜时间的习惯。

【案例2】

有一个一无所长的年轻人，感到自己生活得非常无聊，于是，他就去拜访一位哲人，希望哲人能够给他的未来指明一条通路。哲人问他："你为什么来找我？"年轻人回答道："我至今仍一无所有，恳请你给我指明一个方向，使我能够找到人生的价值。"哲人摇摇头说："我觉得你和别人一样富有啊！因为每天时间老人也在你的时间银行里存下了86400秒的时间。"年轻人苦涩一笑，说："那有什么用处呢？他们既不能被当作荣誉，也不能换成一顿美餐。"哲人肃然打断了他的话题，问道：“难道你不认为它们很珍贵吗？那你不妨去问问一个刚刚延误乘机的游客，一分钟值多少钱？你再去问一个刚刚死里逃生的“幸运儿”，一秒钟值多少钱？最后你去问一个刚刚与金牌失之交臂的运动员，一毫秒值多少钱？”听了哲人的一番话，年轻人羞愧地低下了头。

【分析】

起初那位年轻人不明白真正的财富是时间，后来听了哲人的话，明白了时间的意义，时间可以给我们每个人创造难以想象的价值。只有珍惜生活中的每一秒，我们的人生才会精彩。

认知：

理解：

做一件什么事	怎么做	对你的触动

准备：

学会做：

养成乐观向上的习惯

乐观情绪能提高人的大脑，以及整个神经系统的活力，有益于身心健康和工作效率的提高。相反，悲观的情绪可能使人的整个心理活力失去平衡，对人的身心健康可能造成不良影响。

孩子处于身体和心理发展时期，而且面临着激烈的竞争，因此父母应从小重视和培养孩子乐观向上的人格，豁达宽广的积极人生态度。

2008 年 5 月 12 日汶川大地震中，被人称为“可乐男孩”的薛枭，凭借自己乐观积极的态度和坚强意志，在被困废墟 80 个小时，他手臂骨折，脚被压坏，被救出来后，不仅没有呻吟，反而在出来后安慰救他的叔叔说：“叔叔，我要喝可乐。”正是他这种乐观向上的态度，让薛枭被喻为“逗乐了悲伤的中国”的人。尽管他被截去了右臂，仍乐观积极地准备高考，希望考上好大学。大家都相信，这个乐观的孩子一定能在激烈的竞争中占一席之地。

如何培养孩子乐观向上的好习惯呢？要孩子树立生活的理想和目标，父母可以通过读书和讲故事的办法，以书中的人物故事，启发他们对未来美好的憧憬，避免用说教大道理的方法，使孩子厌烦，失去教育的效果。

【案例1】

有一个国王想从两个儿子中选择一个做王位继承人，就给了他们每人一枚金币，让他们骑马到远处的小镇上，随便购买一件东西。而在这之前，国王偷偷地把他们的衣兜剪了一个洞。

中午，兄弟俩回来了，大儿子闷闷不乐，小儿子却兴高采烈。国王先问大儿子发生了什么事，大儿子沮丧地说：“钱币丢了！”

国王又问小儿子为什么兴高采烈，小儿子说他用钱币买了一笔无形的财富，足以让他受益一辈子，这个财富就是一个很好的教训：在把贵重的东西放进衣袋之前，要先检查一下衣兜有没有洞。

【分析】

大儿子丢了钱币，小儿子也丢了钱币，但是两人对于同一件事情的看法却不一样。大儿子觉得非常不开心，因为他的注意力在丢了一枚钱币上，他觉得自己损失了一枚钱币。但是小儿子却感到非常开心，因为他的注意力放在此次丢钱币带给自己的成长，他以后就知道了，在把贵重物品放进衣袋之前，要先检查一下衣兜是否有洞，这样就可以避免以后丢失更多贵重的东西。我们在面对一件事情，看法不一样，收获到的东西也不一样。所以父母要从小给孩子培养乐观的心态。

【案例2】

小王从小就给孩了养成乐观、自信、有爱心、有礼貌、尊老爱幼的习惯。

小王家旁边的邻居有姐弟俩，姐姐上二年级，弟弟上幼儿园，他们的爸爸妈妈出去了，下午姐姐放学回来看爸妈都没回，门还锁着，姐姐就很失落地在她家门口站着，苏心看见了她主动跑去问情况，了解后，就拉着她来跟小王说："妈妈，黄畅的妈妈没回来，她进不了家了，她弟弟还在幼儿园呢，要去接，我和黄畅去幼儿园接弟弟，你把她的书包拿着放我们家……"还没等小王开口说话，她就拉着黄畅去了，小王知道幼儿园不远，不穿马路，所以也没跟去。

时间过了半个小时，他们仨回来了，苏心跟小大人似的跟弟弟说："你和你姐姐先在我家写作业，你妈妈回来你再回去，我妈妈做好饭了，如果你妈妈还没回的话，你们就先在我们家吃，啊，听话！"听她这么一安排，小王微笑了一下，就做饭去了。

【分析】

每个孩子身体内都蕴藏巨大潜能，苏心能够像大人一样安排弟弟和他姐姐吃饭和写作业，安排得有条不紊。可见，孩子在生活中需要我们去通过各种事情激发他们的潜能，给他们足够多的表现机会，鼓励和肯定他们的表现，这样，孩子就能变得越来越优秀。

认知：

理解：

做一件什么事	怎么做	对你的触动

准备：

学会做：

养成自我激励的习惯

只有孩子善于自我激励，才能更好地发挥自己的潜能，创造出超越自己的能力，提高自我形象、不断产生良好的心态、做事充满自信，不断进步。与此相反，不善于自我激励的孩子，容易陷入悲观绝望的绝地。

有这样一个故事：有一个男孩是学校篮球队有名的大懒虫，不愿付出努力，别人训练时跑 50 圈，他却仅跑 5 圈就要休息。

有一天，他接到家里的电话说他父亲去世了，让他速回家。教练让他休息一周回家去，其实教练心想：你休息一年也无所谓，反正队里有没有他都不要紧。

后来一次比赛时，这个懒男孩竟然要求出场，教练很奇怪，但因怕输球，教练没有让他出场。但后来这男孩还是不断地请求，教练看了记分牌，觉得反正已输了，就让他出场吧。谁也料不到，这孩子一出场，又奔又跑，阻截对方，鼓动了全队的士气和活力。因他的加入，比分开始追平，结束前还反超了 1 分，胜利了！教练很激动，问孩子为什么回了趟家就像变了个人似的。原来，孩子的父亲没去世，只是失明了。但后来治好了，今天是复明后第一次看孩子比赛。

由此可见，自我激励的作用有多强大。

孩子的生活和大人的生活一样，可以看作一场游戏比赛，当人们陷入无法克服的境遇，很多人就会放弃，这样就等于放弃了生活，放弃了自己，但是如果懂得自我激励，就懂得为自己加油，让自己得以坚持，直至胜利。

要让孩子养成自我激励的习惯，父母可以经常告诉孩子：父母为他感到骄傲，要不断培养孩子自我激励的习惯，不要轻言孩子的对与错，要经常教孩子对自己正面暗示，如常常告诫自己“我能行”等，要鼓励孩子记录自己的成就，用事实让孩子看到自己的进步与潜能，帮助孩子树立信心。

当然，让孩子养成自我激励的习惯，父母以身作则的作用是无可替代的，绝不能只要求孩子努力进步，自己只当监督员，父母一定要为孩子树立良好的榜样。

孩子好奇心强，探索行为也随时会发生，这是启动创造力的源泉。但往往在探索过程中会做出一些令大人啼笑皆非的行为。

孩子将小闹钟砸开看钟的分针时针为什么会走，把小鸡杀了看它的内脏是怎样的，等等。有的父母却以为孩子搞恶作剧，甚至选择用家规来约束孩子，甚至对孩子进行打骂等。

陶行知说：“你的皮鞭下有牛顿、爱因斯坦，你的教鞭下有瓦特，你的冷眼里有牛顿，你的嘲笑中有爱迪生”

作为父母一定要清醒地认识到，积极探索是孩子创造精神的萌芽，千万不要将其扼杀在你的摇篮里。当孩子出现探索欲望时，父母要做正确的引导，应多给孩子一些自由空间，满足其探索欲望。

孩子在玩玩具或游戏时，父母尽量不要手把手去教孩子，也不要急于帮助他，应鼓励他自己想办法去探索，让孩子学会找解决问题的办法，体会成功的喜悦，这样对孩子积极探索才有帮助。

【案例1】

约翰家有个刻着“与众不同”4个字的红色餐盘，要是谁做了得到一家人认可的事情，吃饭就可以使用这个盘子。这天，约翰带好朋友戴维回家，戴维骑来了一辆漂亮的新自行车，那正是约翰存钱想要买的车子。戴维得意地说，他这次测验及格，自行车是父母奖给他的。其实，约翰这次测验也及格了，但仍需要自己省钱买车。母亲担心约翰会有不公平的想法，便对他说：“我知道你可能会不愉快，尤其是你学习那么用功，还通过了测验，这都是我和你爸爸最感到骄傲的事，因此你有资格用红盘子吃饭了。”约翰若有所思地看看自行车，再看看戴维，然后小声对母亲说：“妈妈，红盘子更棒，因为那是我自己努力得到的。”说完，就开心地和戴维出去玩了。

【分析】

约翰和戴维同样通过了测试，但是两个人的奖励却不同，然而约翰并没有因此感觉不开心，因为他懂得了自己的奖励也是自己努力得到的，是很有意义的一份礼物。奖励对孩子至关重要，无论奖励贵重与否，当孩子通过自己的努力获得奖励，那份开心的心情就是无价之宝。

【案例2】

一个外国大提琴家童年时的某一天，他拖着比自己身体还高的大提琴，在走廊里迈着轻快的步伐，心情显然好极了。一位长者问道："孩子，你这么高兴，是不是刚拉完大提琴？"他的步伐并没有停下，"不，我正要去拉。"这个7岁的孩子懂得许多大人不懂的道理："音乐是一种愉快的享受，而不是我们不得不做的、必须忍受的工作。"父母要引导孩子从技能的获得、知识的增长、友情的加深甚至四季的变幻中找寻快乐，发现生活中阳光的一面。

【分析】

孩子能够把拉大提琴当作一件开心的事，而不觉得很痛苦，可见，这个孩子能够以积极乐观心态看待事物，总能发现所有事物美好的一面。所有事物都是客观存在，所有事物总是存在两面性，关键在于我们站在什么角度去看待事物。积极乐观心态应该从小培养，这样，孩子一生便会感到幸福快乐，对所有事物保持积极的态度。

认知：

理解：

做一件什么事	怎么做	对你的触动

准备：

学会做：

养成爱动脑筋的习惯

孩子不爱动脑和家庭环境与父母教育有关。如今已是高科技时代，孩子们的生活变得非常轻松，减少了他们动手、动脑的机会，而充斥着孩子生活的动画与电子游戏，也因声、光、色彩、图像越来越完美地挤占了孩子的想象空间。

动脑是孩子认识世界的根本途径之一。父母应多从环境与教育方面入手，改变孩子不爱动脑的现象，想办法培养孩子动脑筋的兴趣，孩子有了兴趣，才会激发求知欲，对事物产生疑问和好奇，自然就会开动脑筋。

对不爱动脑筋的孩子，父母也不可提出太高的要求，要从最容易思考的问题入手，让孩子通过努力想法解决。

同时，父母要给孩子创造动脑筋的环境，和孩子一起玩，在活动中启发孩子动脑筋。比如，家庭数学游戏、家庭猜谜、家庭智力游戏等。在启发孩子兴趣的同时，启发孩子开动脑筋。

【案例1】

一个春暖花开的日子，我带着儿子徜徉于油菜花田，在一片金黄中，儿子蹲下身来，细细地端详着花瓣。“妈妈，你看，这朵花的花瓣是四瓣，而这朵只有三瓣噢。”油菜花的花瓣不都是四瓣吗？哪来三瓣的？我一阵奇怪。

“是吗？我来看看。真有三瓣呢！一般油菜花的花瓣都是四瓣的，这是多么独特的发现，宝贝观察得可真仔细。”趁着他有兴趣，我乘胜追击：“它长得多可爱呀，小小的花瓣，想不想和它亲近一下，我们来摸一摸它吧，要温柔一点噢！”

儿子欣然同意，伸出稚嫩的小手，轻轻地碰到了花瓣上。“摸起来感觉怎么样？”

“妈妈，它太轻了，我一碰它，它就往下掉，就像，就像……”儿子不会太多的形容词，思索半天。“就像一张纸片，对吗？”

“对！对！”儿子边点头边说，“就像纸片。”

“是呀，油菜花的花瓣黄黄的，薄薄的，就像书法家用的宣纸。我们再来闻闻它的味道，你觉得怎么样？”

儿子似乎怕自己闻不出味道，挑了附近最大的一株，凑近花蕊，闭上眼睛，猛吸一口气：“妈妈，我闻过了，是淡淡的香味。”说完，还意犹未尽地又吸了几口，“真香！”

“我们洋洋的小鼻子可真灵敏，和小蜜蜂的触角一样呢！勤劳的小蜜蜂们可喜欢这些花了，看到花朵中央的花蕊了吗？蜜蜂们会派出工蜂专门来采集这些花蕊上的花粉……”

“我知道，我知道，蜜蜂会产蜂蜜。”没等我说完，他迫不及待地接上。

“真棒，洋洋知道的可真多。是呀，蜜蜂采了花粉还能帮助油菜花结油菜籽呢！对了，油菜花的果实还能榨平时炒菜用的油，菜油炒出来的菜可香了。”说到菜，儿子吵嚷着要回家了。

【分析】

这位妈妈很有耐心，不断引导孩子学习新知识，而且把所有知识衔接起来，让孩子在快乐和浓厚兴趣中学到了知识。教育孩子最好的方法就是用孩子最习惯、最容易接受的方式给孩子传授知识。当孩子在大人引导下学习新知识，可以达到事半功倍的效果。

【案例2】

儿时的张衡绝顶聪明，态度谦虚，特别喜欢思考问题。他对自然界中的万事万物都充满了兴趣。早上带着露珠的花朵，中午高悬天空的太阳，晚上天空中皎洁的月亮、一闪一闪的星星都让他产生了无穷无尽的联想。他总是跟在父母身后问这问那。

有一次，他和母亲一起到田野中挖野菜。出去的时候，太阳刚刚从东方升起，红艳艳的，煞是可爱。他不经意间看见了自己的影子是那么长。他想，我要是长得像影子那样高大多好哇。不知不觉到了中午，母亲挖了满满一篮子野菜。他跟在母亲后面，一蹦一跳地走着。“咦！影子哪里去了呢？”他惊奇地叫道。低头一看，影子缩成了一团，踩在脚底下。张衡赶忙问母亲这是怎么回事，母亲说这是由于中午到了，太阳升得最高，影子就会变短缩成一团，到了傍晚太阳快要落山的时候，影子还会变长的。回到家里，张衡一直关注着自己的影子的长度。他发现真的像母亲说的那样：傍晚时分，自己的影子又变得像早晨时那样长。他感觉自己又学到了一点新知识，高兴极了。

一个夏天的晚上，父母带着小张衡一起到打谷场上纳凉。这是人们一天当中最快乐的时光。大人们一边摇着扇子，一边海阔天空地聊天；孩子们则叽叽喳喳地玩得不亦乐乎，一会儿捉迷藏，一会儿过家家。只有张衡一个人不声不响地待在旁边，望着茫茫夜空，嘴里还小声默念着“一个，两个……”。母亲以为他白天跟自己出去累着了，就说：“衡儿，你要是累了就自己回屋里歇着吧，不要愣在那里，丢了魂似的。”

张衡好像没听见，依然站在那里，目不转睛地望着苍穹。

父母见他没吱声，也就不再管他。又过了好一会儿，大人们都困倦了，接二连三地回家睡觉了，他还在那里望着天空。这时，一个大点儿的孩子过来拍了拍他的肩膀，说：“咳！傻子，老瞅着天上干什么，那上边又不会掉金豆子。”张衡这才回过神来，揉一揉酸痛的脖子说：“谁指望天上掉金豆子了，我在数星星。”此语一出，大家都愣住了。“什么，什么，数星星，真新鲜，还有数星星的傻瓜。那我问你，数清了吗？”那位大哥哥问。“我还没有数完呢，不过现在已经数到一千多颗了。”旁边的一位老爷爷插话道：“孩子呀，别数了，天上的星星是数不完的。这些星星无穷无尽，飘忽不定……”张衡却打断老爷爷的话：“才不是呢，那一片天空就只有一千多颗，只要我坚持数下去，肯定会数完的。”老爷爷被张衡的执着精神打动了，一下子不知道说什么好。张衡的父亲赶紧过来打圆场：“不许这样跟老爷爷说话。”张衡意识到自己的不对，连忙向老爷爷道歉。但他回过头来，还是想跟父亲辩解一番。父亲早看出他的心思，就说：“衡儿，我知道你的想法，但你这样挨个数是不行的。天上的星星分布是有规律的，你要按照这些规律，把它们分成一个个星座。这样才会把它们弄清、记牢。”小张衡点了点头，按照父亲说的去做，果然又认识了许多新的星星。

【分析】

张衡父亲没有嘲笑张衡数星星的行为，而是引导他发现星星的规律，张衡父亲积极鼓励张衡这种爱思考、勤思考的好习惯。孩子对世界有各种新奇的看法，大人首先不能否定这些看法，而是应该学会鼓励孩子思考问题、解决问题。

认知：

理解：

做一件什么事	怎么做	对你的触动

准备：

学会做：

养成风趣幽默的习惯

幽默是日常生活愉快的添加剂，幽默是生活波涛中的救生圈。

事实上，幽默能帮你打开紧锁的眉头，松散额上的皱纹，舒张紧缩的心肌，忘却生活中的烦恼。运用幽默调节身心健康是有其科学依据的。

我有个弟弟，从小就养成了幽默的性格。现在已经是著名的外科医生了，有一次，我无意中问他："你医好了那么多别人认为无法治愈的病人，你的医疗技术比别人高在哪里？"他说："遇到无法治疗的病人时，我总要告诉他：'幽默和生理状态有很大的关联，幽默可以引起的大笑会使肌肉乱了步调，与肌肉有关的疼痛就可能在一阵大笑之后随之消失，大笑会刺激大脑分泌一种儿茶酚胺的荷尔蒙，这种荷尔蒙能引发'内啡素'的大量分泌，而起到自然止痛的效果，幽默地大笑会使全身肌肉舒展，进而舒张血管，使紧张充血的内脏器官得到缓解而有节律地张弛，获得积极的按摩。让病人去乐观地面对病情，谁知道病人的病情真的好了。这就是我的绝招。"

是啊！幽默给人带来快乐，带来欢喜，带来健康。不仅如此，幽默还是拓展和改善人际关系的润滑剂。幽默乐天的性格，对于孩子的身心健康是极有好处的。

我们要注意的是：幽默成为一种健康的引发和增长剂，

它必须是创造性和建设性的，而不是攻击性和诽谤性的。因此，必须排除诽谤和讥诮，不能把自己的快乐建立在别人的痛苦或尴尬之上。

针对幽默的运用，欧森医师提醒说：幽默有三个层次：一是冷嘲热讽，但这是破坏性的，也是不可取的；二是出人意料的双关语，这有积极正面的性质；三是普世性幽默，就是一种对真理与人生的赏析，这也是积极、建设性的。

有这种幽默的人可能会更有弹性，能屈能伸，成方成圆，收放自如，更能够蔑视困难，昂首阔步，面对现实，泰然自若地度过生活中的挫折和失败。如相声泰斗马三立、马季的生活经历就说明了这一点。

“好了，为了孩子的健康，为了孩子生活得有滋有味，且妙趣横生，亲爱的爸爸妈妈：请注意培养和塑造孩子幽默的性格吧！”

【案例1】

一位有幽默感的父亲，当他和孩子们一起玩时，总能把孩子逗得很开心。

有时，爸爸趁着孩子们睡觉，就会用毛笔在孩子的脸上画小胡须，孩子醒来照着镜子哈哈大笑，又会在爸爸脸上也画上相似的图案。

平时爸爸总是很幽默地给孩子说些小故事、做些幽默的小游戏，如在孩子床头藏玩具、变魔术等，孩子也学着父亲的样子幽默起来。

有这样一个幽默的父亲，孩子的生活也会逐步变得幽默、风趣、开开心心。

【分析】

这位幽默的父亲用自己幽默的性格感染自己孩子，久而久之，孩子也逐渐学会了幽默，给孩子的生活增添很多乐趣，孩子们每天生活也会很快乐。幽默是耳濡目染的，使生活中一件件开心的事情成为人生快乐的源泉。

【案例2】

王训的儿子非常幽默，从幼儿园开始，王训就带孩子游历祖国大好河山，游览结束，王训的儿子只写下“啊，祖国真美”五个字，便终结了游览。

在学校里也是一样，老师常对他说：没有好的学习成绩，别人不会听你的幽默，学生时代主要是看学习成绩，工作以后主要看工作成就。王训的儿子说：别跟学校扛了，上或不上，学校就在那里，按时开学，才是本分；书就在那里，念或不念，早晚得念，晚念不如早念。

【分析】

这个儿子幽默性格给他生活减少很多烦恼，他没有过度在意别人的看法，而是有自己思考的能力，用幽默的态度去生活，这样的人生怎能不快乐？

认知：

理解：

做一件什么事	怎么做	对你的触动

准备：

学会做：

习惯养成的六个步骤

习惯培养是一套科学的教育方法，需要按照其规律来做才会见效。

第一步：提高认识，引导孩子对养成某个习惯产生兴趣。

儿童时期最好的教育莫过于养成良好的习惯。父母要引导孩子认识到：好孩子一定要有好习惯；有问题的孩子一般都是坏习惯很多的孩子；一个坏习惯可能使你丧失了良机，而一个好习惯则可能使你走向成功。

第二步：明确行为规范，让孩子对养成某个良好习惯的具体标准清清楚楚。

第三步：适时进行榜样教育，让孩子对养成良好习惯产生亲切而向往的感情。给孩子定的规矩，父母要首先遵守，然后用榜样的作用引导和评估孩子，孩子表现好的要及时表扬和鼓励，不足之处，也要及时指出，并限期改正。

第四步：坚持不懈的训练，让孩子由被动到主动再到自动，直至养成良好习惯。

如此的训练要持之以恒，保护好孩子的兴趣，反复坚持不懈的训练，直至孩子养成习惯。

第五步：及时评估和奖惩，让孩子在成功地体验中养成良好习惯。

有的父母对孩子说："假期到了，这个假期你要好好把你写字握笔的姿势练好，开学前我要检查。"这种说法、做法太简单，试想：孩子自我管理的能力不强，父母笼统的要求对他们很难起作用。

父母应把培养孩子好习惯的计划分割成若干个小计划，并根据孩子处于不同的年龄段，采取不同的方法，不断地与孩子一起总结、评估。如面对 12 岁以下（小学以前）的孩子，父母可以用："今天做得好，可以奖励 1 颗小星星；一周内如果每天都能得到小星星，可以换 1 颗大星星；获 3 颗大星星，就可以获得更高的奖励"等方法，随着孩子年龄的增大，采取相应的办法。

这样一来，孩子每天都会知道自己是否进步了，并期待着明天的进步。

第六步：家庭要形成良好的环境，让家庭生活和学校环境乃至社会风气成为孩子养成良好习惯的支持力量。

培养良好的习惯不是一件简单的事情，这并不是说习惯培养不起来，而是方法要到位。

那么，培养孩子良好的习惯有什么更好的方法呢？

一是要尊重孩子，尊重孩子的主人地位；

二是对孩子良好习惯的培养要有目标；

三是培养孩子良好习惯要从解放孩子的大脑开始，让孩子从一些低级的、束缚自己的不良行为习惯中解放出来；

四是对孩子好的习惯要反复练习，直至养成习惯。

【案例1】

妈妈让孩子每天睡觉前要刷牙，孩子说："我爸爸就不刷，我也不刷。"妈妈说："别理你爸，他那人，不讲卫生，他不会刷的，他不刷咱刷。"这就很难让孩子养成刷牙的习惯。再如，有的家庭饭后不刷碗，都堆在洗菜池里，等下一次做饭时再刷，有时一堆就是几天。这样的家庭里，父母还要孩子做到"今日事今日毕"，孩子肯定也难以做到。建议父母和孩子之间定一个契约性的东西，一家人互相监督，这实际上是把孩子作为行为习惯养成的主体，而不是靠别人来限制他、管制他，最终还是孩子自己形成自己的行为习惯。

另外，父母对孩子的要求要始终如一。比如，孩子喜欢睡懒觉，你说，不行，你必须按时起床，孩子哭，你就打他屁股，硬把他拉起来。

过了一个星期天，孩子又睡懒觉了，你拉他，他又哭、又闹，这时你想：算了吧，睡就睡吧。这样一来，孩子的坏习惯不但没有纠正，反倒促使孩子形成了这个坏习惯。所以说，有些坏习惯的矫正，或者好习惯的养成，父母绝不能孩子一拗劲就算了，父母对孩子的要求一定要始终如一。

【分析】

孩子习惯养成不是一天两天，而是需要父母严格监督执行，不能由着孩子天性。首先，父母要先做到，这样要求孩子才有底气。俗话说：父母是孩子最好的教师，可见父母对孩子影响是多么的巨大。

【案例2】

周末送孩子去他最爱的画画培训班，在去培训班之前，小张跟孩子说要定一些规矩：

第一，爸、妈支持你的画画爱好，但是你也要按照跟爸妈说好的规则去做事情。（要让孩子觉得爱好得到满足的同时也要付出“回报”）

第二，如果你没有达成约定的交付，则要被惩罚。

第三，你要跟父母签订“合约”（由于此时孩子还没有说话算数的习惯，及成熟的记忆能力），目的是让孩子也养成一种履行“合约”的习惯。

然后，告诉孩子，你去画画的所有用品都在学习桌上，现在你把所有画画用品有序装进你的书包中去。

接着孩子“慢慢”把彩笔、画纸塞进书包，此时孩子准备书包的过程即使不合小张意，也装作没看到。到画画班后，老师很快检查上次作业，此时小张透过窗户看到孩子找了“半天”才拿出上次作业，老师看到也自然批评他要跟上上课节奏。又接着老师让孩子根据他幕布投影的图案的讲述，快速素描和涂色。孩子待要涂色时，在画笔盒中、书包中，良久都没有找到粉色彩笔，直到别的孩子大多数都上交作业给老师完毕。然后老师单独留孩子三十分钟，要求用老师的彩笔涂完作业“才能”回家。然后孩子“高高兴兴”随小张回家。接着又像往常一样要玩会儿平板游戏。此时的小张拿出事先准备好的“合约”跟孩子讲，咱们讲好的说你画画回来玩游戏半小时，但是你在培训班浪费了你玩游戏的时间，所以今天没有玩游戏的时间了。

【分析】

小张通过和孩子定下“合约”，让孩子从小养成遵守规矩的好习惯，另一方面，也促进孩子养成好的学习习惯，不耽误时间，达到“合约”条件，便会奖励孩子，没有达到条件孩子也要为自己的行为负责。这样的教育方式可以鼓励孩子养成为自己行为负责的好习惯。

认知：

理解：

做一件什么事	怎么做	对你的触动

准备：

学会做：

营造有利于孩子成长的环境

要让孩子保持乐观、开朗的情绪，家中就要充满歌声和欢乐；如果家里总是愁云笼罩，那么孩子也容易产生消极悲观的情绪。

要督促孩子多参加集体活动，在课堂上积极发言，主动与人交往，多结交些朋友，渐渐养成乐观的生活态度。父母要保证让孩子在一个丰富多彩的生活中健康成长。

现在很多父母受应试教育的影响，为了使孩子将来有所作为，总是无休止地增加孩子的学业量。

孩子们的生活中除了学习还是学习，生活单调，失去了读课外书、打球、交友、玩的时间。这样的环境只会造成孩子疲惫、厌倦、情绪低落，是不能养成孩子乐观的性格的。

另外，父母应让自己的胸怀宽广些，潜移默化地影响孩子。

归纳起来，父母应让孩子有远大的目标，给孩子营造和谐快乐的家庭环境，让孩子有丰富多彩的生活。同时，父母要给孩子树立榜样，这样才能帮助孩子养成乐观向上的好习惯。

【案例1】

一天，小赵跟孩子奶奶因一件小事吵了起来，奶奶哭了。

小赵的女儿看到后赶紧给奶奶擦眼泪，还安慰说："奶奶，我以后养你，妈妈不是好孩子！"她还冲着小赵喊："你不是好孩子，我不理你了！"说完便哇哇大哭。

小赵这才意识到：自己伤害了一心为家操劳的奶奶，也伤害了可爱的女儿，便立即向奶奶道了歉，也向女儿道了歉。

过了一会儿，小赵跟女儿一起搭积木，眼看就要成功却被小赵不小心弄倒了。女儿冲小赵喊："你走开！"顺手还给了小赵一巴掌。小赵愣了，但还是耐住性子问女儿："你怎么打妈妈呀？"，女儿说："你刚才还说奶奶，把奶奶气哭了！"小赵心里难受极了。

女儿看见小赵很难过，又跑过来摸着小赵："妈妈，对不起！”

【分析】

小赵被自己孩子打了一巴掌，这是因为小赵把奶奶气哭了，小赵没有给孩子营造一个良好的教育氛围，小赵的孩子因此模仿小赵的行为。在家庭教育中，父母日常的一言一行都对孩子产生巨大的影响，因此，只有父母以身作则，积极给孩子营造良好的教育氛围，孩子才会更好地接受父母教育。

【案例2】

阿三的父亲是一位文学家、哲学家和社会活动家。

经常有人到家里朗读诗文，讨论哲学，表演戏剧，这使阿三在幼年时期就种下了热爱文艺的种子。特别是他的双亲，根据印度的自然环境和条件，把诗歌作为教育孩子的一个有力武器。

当孩子做了不好的事情时，他的母亲便背诵一首小诗告诫他；当他在学校里学了字母之后，父亲给他上的辅导课就是一首优美的抒情诗；当他学了数、理、化课程的法则、公式时，他的父母又精心地帮助他用诗的形式把这些法则、公式表达出来，使他朗朗上口，便于记忆。

由于阿三从小生活在这样的环境中，受到了诗歌的熏陶，当他到 8 岁时，就学会写诗了；14 岁就发表了爱国短诗《现代印度教——庙》；16 岁便发表了《诗人的故事》，在社会上受到了好评，从而为后来成为一个伟大的诗人打下了坚实的基础。

【分析】

阿三从小生活在父母营造的良好氛围中，阿三父母精心教育阿三，并且父母对文学的兴趣也耳濡目染影响着阿三。因此，阿三后来取得那样的成绩也理所应当。父母对孩子影响十分深远，孩子身上都有父母的影子（图3）。

认知：

理解：

做一件什么事	怎么做	对你的触动

准备：

学会做：

本章复盘

◎ 小问题

回答下面的问题，帮助你理解良好习惯培养在家庭教育中的必要性。

1. 习惯养成的目的是什么？

2. 习惯养成的首先要做到什么？

3. 习惯养成的步骤是什么？

4. 习惯养成有哪些要注意的环节？

5. 习惯养成有什么效果和表现？

6. 习惯养成和掌握知识应该如何区别？

7. 习惯养成的方式不同，效果有什么不一样？

8. 对孩子习惯养成的培养问题有哪些？

如何做更好的父母

◎收起你的懦弱，摆出你的姿态，培养孩子的良好习惯，不要打击孩子的积极性！

◎就算周边的人（含家庭成员）都否定孩子，你也要相信孩子，不要管别人的看法。

◎孩子的能力是通过良好习惯培养出来的，要相信，世上本没有做不到的事，只有不做，才适得其反。

◎不管孩子如何，都可能不被欣赏，总有人认为他不够好，不管别人怎么看，你都不能不注意培养孩子的良好习惯！

“管理好自己”思考题

【反向思维】

◎良好习惯培养没有用，孩子就是不愿意学习！

◎良好习惯培养到位了，孩子还是不好好学！

◎我对孩子的良好习惯培养，道不同不相为谋！

◎对孩子良好习惯培养不到位，反而被别人瞧不起！

【正向思维】

◎良好习惯培养之后，家庭和睦了！

◎良好习惯培养之后，孩子的能力提高了！

◎良好习惯培养之后，家庭关系、父母与孩子相处更融洽了！

◎良好习惯培养之后，父母与孩子的误会没有了！

与心对话

每日一问：

家庭生活中总有一些磕磕绊绊的冲突点，很多事情都需要良好习惯培养，你面对这些问题是怎么解决的？你身边的家庭又是怎么处理的？

请将在家里看到的记录下来：

陶行知说：我们要认识到兴趣这样一个规律。当孩子的态度是愿意行动并有机会那样去做时，他就会满意。相反，他没有做好准备，要被强制行动，或者已经做好准备却不允许他行动，这两种情况都会让他不满和愤怒。因此，教育方法的一个基本原则就是激起被教育者的兴趣。

培养健康良好的性格

- 良好性格的基本特征
- 良好性格形成的关键期
- 要保护好孩子的个性
- 要遏制住孩子的“脾气”
- 不要让“任性”养成习惯
- 良好性格形成的要件
- 保护好自信心和自尊心
- 让懦弱的孩子变勇敢

良好性格的基本特征

性格是人们对己、对人、对事物的态度和行为方式。性格是人们在生活中由于好奇心、好胜心、自信心而不断形成的一种品行，性格的养成将影响孩子一生的发展。

健康良好性格的基本特征是对人生有正确、乐观的态度；做事坚强的意志；积极的工作与学习态度：情绪和健全的理智。

任何事物发展都要通过内驱力起作用，性格是人生发展的驱动器。

当父母的要知道，孩子的这种好品性、好性格是“养成的”，而不是靠说教出来的。比如，孩子最初是自己睡，还是大人陪着睡，最初是坐在固定位置上吃饭，还是走来走去边玩边吃边喂，最初是让他劳动，还是不让他劳动，这是孩子最初的生活习惯，以后会随着孩子的年龄慢慢变成性格特征，可以说性格是从小“濡染”而成的。

开朗的性格使儿童在智力开发中产生更浓厚的好奇心、好胜心、自信心，任性和孤僻的性格始终影响着孩子人生的发展。

孩子成才与健康良好性格关系极大，健康良好性格也就是有利于孩子成才的性格，包括快乐活泼、安静专注、勇敢和自信、乐于助人、好奇好胜等六种性格。

快乐活泼：包括表情活泼、口齿伶俐、爱唱爱跳、记忆力强、双手灵活、思维活跃。

安静专注：该静静得下来，该坐坐得好，该跑跑得快。注意力集中，做事坚持到底。

勇敢和自信：勇敢主要表现在不怕黑暗、不怕摔跤、不怕流血、不怕打针、不怕吃药、不怕小动物、不怕登高、不怕孤独、不怕陌生环境和陌生人。自信主要表现在觉得自己是个好孩子，很能干，很快乐。

乐于助人：关心家人和周围的人劳动累不累，生病难不难受，有没有吃饱吃好。别人睡觉不去吵醒，别人谈话不去吵闹，不折磨人，好东西先给别人等。

好奇好胜：对新奇的事物爱看、爱听、爱摸、爱问、爱记、爱模仿，做事喜欢独出心裁，与众不同，要求好上加好，不满意就重来，喜欢想办法玩耍，喜欢自己动手。

独立自主：表现在从小自己会睡、会坐、会玩，大一点能独自串门，自己的事情喜欢自己做，与陌生的人交朋友等。

孩子形成了这样的性格，一个健美、聪慧、道德素质好的创造性人才幼苗就会破土而出。

父母要重视从小培养孩子各种良好行为习惯，及早把功夫用到养成孩子的好性格这个关键问题上。

【案例1】

有些父母对孩子的考试成绩看得很重，孩子的分数是孩子的智商和能力的综合，父母总是习惯给孩子定一个分数线，要求孩子考试在这个分数线以上，如果在分数线以下孩子便遭了殃。

有一次小明的妈妈接到老师的电话说：小明写字太乱，错题太多。小明的妈妈便急忙跑去学校找到老师：小明的作业本已经被老师撕得只剩下三页，没有了孩子作业的痕迹。

老师的指责，让小明的妈妈颜面尽失。气愤之下，妈妈挥手打了小明两耳光，并厉声呵斥，这让小明惊恐万分，吓呆了。当时小明的妈妈没有顾忌太多，只是一阵咆哮。

小明不说话，头上直冒着虚汗，回家后发了高烧，一病就是三天。

后来，小明的妈妈对孩子的行为做了认真分析，心想：自己的孩子为啥就不如别人孩子呢？

原来，小明不满6周岁就入了小学。孩子年龄小，写字速度慢，字写不好，就反复用橡皮擦，养成了不好的作业习惯。

由于小明的妈妈和老师都没有处理好纠正小明作业马虎的问题，小明变得沉默了，在同学面前也开始自卑，见老师更是望而生畏，一时失去了学习的信心。

小明的妈妈百感交集反思着自己的教育方法，为什么要伤害孩子的自尊心，打击孩子的自信？小明的妈妈对自己的教育方法非常懊悔。

怎样才能唤回小明的自信呢？

于是，小明的妈妈采取每天在小明的文具盒里放一张小纸条鼓励、表扬小明，给予小明温馨的提示，通过这样的办法和小明进行心灵沟通。

没想到这个办法还很奏效，渐渐地小明受伤的心，很快恢复起来了，开始像往常一样同父母说说笑笑。

不久，学校老师便送来一件件小明进步的喜讯。

现在小明已经上六年级了，不仅改正了作业马虎的习惯，学习成绩也变得优异。

【分析】

作为父母，要改变传统的教育观念，教育孩子要在尊重孩子的同时，学会赏识、发现孩子的闪光点加以发扬，只有这样，才能培养健康、阳光、德才兼备的孩子。

【案例2】

小丽有一位当医生的邻居，有时走在电梯里阿姨会把垃圾袋放在电梯里，没来得及放下。这位医生每次都是捂着鼻子发一通牢骚："怎么不早一点清理垃圾，臭死了！"之类的话。她已经上中学的儿子和她的动作是一模一样的。真是有样儿学样儿！男主人不捂鼻子但是也不吭声制止，这种情况我碰到过好几次。

女儿不说话看着我。臭味谁都闻得到，我没有做什么反应，她也在照着我做。我说："我们不能这样，阿姨已经每天起得够早的了，那里面的垃圾也有她们家一份，谁都不来做这个工作，那我们的垃圾怎么处理？要尊重阿姨，知道吗？"

"嗯，知道了，妈妈。"从此，女儿每遇到清洁工叔叔、阿姨们都会热情地打招呼。

【分析】

这位医生没有给孩子树立良好的榜样，孩子便模仿医生嫌弃的样子，这位医生孩子自然也没有尊重别人的想法，这样便是由于父母自身行为有问题，并且教育不当，导致孩子也不会尊重别人。

认知：

理解：

做一件什么事	怎么做	对你的触动

准备：

学会做：

良好性格形成的关键期

婴儿时期（0—3 岁）是孩子性格形成的第一个关键期，即基本形成期。

幼、小时期（3—13 岁）幼儿园、小学阶段，这是孩子良好性格的巩固期。其间孩子在 4 岁左右会出现第一个叛逆期，又称宝宝叛逆期，如产生强烈的自主意识，建立自己的好恶观念（不听话）；7、8 岁时，会出现各种叛逆行为（第二个叛逆期，又称儿童叛逆期），如逢事自作主张，自以为是、固执己见，不愿服从父母，教师的教导等，这个时期，父母和教师就要紧密配合，对孩子性格产生各种瑕疵给予纠正。

中学时期（13—18 岁）（少年初始阶段到青年初始阶段）这个阶段孩子性格具有很大的可塑性。

由于孩子生理、心理变化会产生情绪大动荡，诸多社会问题也会时时冲击孩子的心理，使本来就不成熟的孩子在不同程度上对周边的人和事产生敌视，如处理不当，极有可能长时间不能从自卑失落（自闭、抑郁）的状态中摆脱出来。父母和教师就要耐心引导，帮助孩子渡过难关。

孩子健康良好性格形成的途径主要来自父母的言谈举止，即父母的行为成为孩子行为的楷模。概括而言，父母需要做好以下几点。

第一，要求孩子做到的父母必须首先做到，不仅父母要做孩子的榜样，还要挖掘孩子心目中的偶像、优秀小朋友，给孩子树立榜样。

第二，家庭环境要有利于孩子良好性格的形成。如：根据孩子的个性、特长、兴趣设计有利于良好性格形成的空间。孩子喜欢唱歌，就要有唱歌的空间；孩子喜欢画画，就要有画画的空间等。

第三，父母绝对不能溺爱、娇宠孩子。要从小遏制住孩子馋、强、懒、霸道、懒惰、散漫、野蛮、磨蹭、粗暴、攀比的行为。

第四，父母要注意培养孩子的独立性，激励孩子自己的事自己做。

第五，父母要多带孩子到大自然去，使孩子敞开胸怀，开阔眼界，增强自信心。

第六，父母多带孩子参加集体活动，鼓励孩子多与同龄伙伴交友。

特别是孩子进入叛逆期时，父母对孩子的要求要合乎情理。切不可过高、过滥、过多、过难。比如，有些父母平日不管孩子，当孩子做错时，便数落没完，孩子因不知所措而不予理睬，你说你的，我做我的，久而久之孩子就会产生“我行我素，不服从教导”的叛逆性格。

第七，培养孩子良好的性格，父母务必做到：

1. 要孩子做的事必须符合孩子的年龄特点

比如，要求六七岁的孩子连续两三个小时坐着看书、做作业，孩子就会因“做不到”而产生抵触情绪以至叛逆性格。

2. 对孩子的要求要明确具体

如：要求孩子认真做作业。不能简单地说一句：“认真做作业啊”，要说清楚认真做作业的具体步骤如：先复习，再做题，有困难，再讨论，直至成功。

3. 要尊重孩子的情感

父母尊重孩子，孩子才会乐意听从，一旦要求孩子做的事，就要坚决执行，不要轻易改变或放弃。出尔反尔很容易使孩子产生拒绝训导的叛逆心理。

父母给孩子提要求时要尊重孩子的情感，满足孩子正当要求。

4. 尊重孩子独立人格、平等对待、给予关怀，有助于孩子积极执行父母的要求

父母对孩子的要求提出来后，讲清了道理，就要坚决执行，改变或放弃合理要求的父母是软弱无力的表现，会助长孩子的违抗心理，养成拒绝父母训导的坏习惯，父母在孩子心目中的威信就会降低。提了要求就要检查，使要求不落空，利于养成孩子认真负责的好习惯。

5. 对孩子的承诺一定要兑现

父母在向孩子许诺之前一定要三思，不能言而无信，答应孩子的事就一定要做到，如果兑现不了，应及时给孩子解释，向孩子道歉，做自我批评，让孩子从内心理解和原谅父母，事后父母应设法兑现自己的承诺。

许多父母认为孩子还小，哄过一时就行。其实，不负责任的哄骗也许起初还奏效，但久而久之，孩子便会识破这一伎俩，随着被大人欺骗次数的增多，孩子对父母的信任度会越来越低，更严重的是让孩子学会了对别人撒谎。如果发现孩子撒谎，切忌不问清缘由惩罚孩子，这样会适得其反，让他们学会更巧妙地撒谎。

父母要根据实际情况来处理孩子撒谎问题，让说真话的孩子得到鼓励，说假话的孩子受到惩罚，并持之以恒，孩子就会逐步养成诚信的好习惯。

6. 父母的行为要给孩子做表率

俗话说：“有其父必有其子。”事实证明，子女和父母在思想上、言行上相像的地方很多，子女长大后，处理挫折、困难的方式，也多是从父母身上学来的，模仿父母是孩子特别突出的一个心理特点，父母在教育子女时，也要以自己的言行举止做表率。在现实生活中，父母不要对着孩子是一套，背着孩子又是一套。

这里要注意的是父母之间有矛盾要避开孩子，不要在家庭琐事上互相扯皮争吵，不要在孩子面前说谎话、大话。不要不分场合批评孩子的过错，以至伤害了孩子的自尊心。在孩子面前，不要以冷漠的态度待人接物。

在任何情况下，我们都不要强求孩子做什么，而是力求成为他们的榜样。如安静地读书看报，讲文明懂礼貌，待人友善，团结亲友、邻里、同事，乐于助人，勤俭节约，乐观，心胸开阔，正确对待顺境逆境，对社会上的丑恶现象分清是非，疾恶如仇。父母的这些行为，孩子看得见，听得见，将对孩子产生巨大的影响。

7. 要鼓励孩子从小学会勇敢做人

大多数孩子活泼好动，能言敢为，但也有不少孩子平时沉默寡言，不愿跟大家一起玩，没有同龄孩子那种爱动、贪玩、好奇的特点，说话声音低微，不敢一个人外出等。这就是我们通常所说的胆小。孩子胆小往往是由于：父母教育时给予不恰当的恐吓、父母过分严厉、父母过度限制孩子的活动、父母过分娇宠孩子、事事包办代替等，使孩子丧失了自主、自立锻炼的机会。

【案例1】

妈妈问孩子："你们觉得我们家这么多人在一起幸福吗？"孩子们七嘴八舌地说：

"当然幸福啦，房子越小越幸福！排队上厕所才有意思呢。"

"啊？房子小还觉得幸福？抢厕所还觉得有意思？"

"对呀，你看有些人家里有的住桃源居，有的住御龙居，有的住金海华府，一家人都不住在一起还幸福啊？"

"妈妈说的是住大房子，没说不住在一起。"

"可是有的人经常会说去看奶奶什么的，要不就是不住在一起吗？"（她想到了另外一种情况，与老人分开住，其实我说房子小没有包含这种情况）

"妈妈说的是住在一起，大房子有好几个房间，可以一人睡一间。"

“那有什么好的？你睡这边我睡那边，都不能像我们一样靠在一起说话聊天。”

“妈妈，还有啊，有些人吵架的时候喜欢说我再也不想见到你了，可是万一那个人真的走了，那家里不就少了一个人了吗？少了一个人还会觉得幸福吗？”

孩子们觉得一个家庭少了一个人，就会少了一份幸福。

【案例2】

即将升入小学的幼儿，重要的是养成良好的学习习惯，但很多父母却过于重视知识和技能。“老师，今天你们学习7的分解吧？怎么孩子回来就只会两种呢？我朋友的孩子都学到13的分解了，她是不是太笨了？上小学跟不上怎么办？今天教她认识钟表，教了很多次，她都不认识，我还拍了一个视频，您看看她的表现怎么是这个样子？！”视频中，孩子趴在桌子上使劲地哭泣。

联想到平时，这个小女孩在班里一遇到小小的困难就退缩：“老师，这个太难了，我不想参加。”我终于明白，生活在这样急迫、焦虑和否定的环境中，孩子能自信起来吗？

【分析】

对孩子教育绝对不能拔苗助长，急于求成，否则只能适得其反。孩子学习受教育是一个缓慢的过程，父母不能违背孩子的接受能力，急于给孩子施加压力，这样只会伤害孩子的自信，从而害怕学习。

认知：

理解：

做一件什么事	怎么做	对你的触动

准备：

学会做：

要保护好孩子的个性

培养孩子良好的性格。

第一要保护孩子的个性，这里需要指出的是：在性格培养中，父母给孩子的任务难度要适当，要孩子完成的任务不可太多太难，使孩子望而生畏，否则，孩子就会产生对抗情绪或者干脆就放弃了。

对于一些难度较大的任务，可以分解成一个个小目标。父母把做完的题目点评一下，给孩子一点鼓励，孩子可能就乐于接受了。

第二，父母要以身作则。

父母做事的态度很大程度上影响着孩子做事的态度。三天打鱼两天晒网的父母很难培养出有恒心的孩子。父母的监督也是很重要的，如果父母今天要求孩子学习绘画半个小时，明天自己忘了，没有继续要求孩子练习绘画，后天又有什么事给耽误了而不管孩子当天有没有练习，这样培养孩子的坚持性就会变成一句空话。

第三，父母对孩子提要求的语气要坚定。

让孩子知道这是一件重要的事情，不可以随随便便对待，但也不可总在孩子身边不停地唠叨，甚至训斥打骂孩子。培养孩子的坚持性是一个需要耐心教导的过程。

第四，在生活中父母要充分利用各种机会培养孩子的坚持性。

如果孩子喜欢花草，父母可以利用家中的阳台，买来花盆和一些花籽，教孩子种花草，让孩子在培育花草的过程中，观察植物生长的过程，如何时发芽、长叶、开花，体会一个生命的成长。

在这个过程中，让孩子明白：无论你怎样着急，你今天撒下种子，它不会明天就长大。要想有收获，你必须耐心地等待，给它浇水，有时还要松土，并让它享有充足的阳光。

第五，要注意培养孩子独立的人格。

注重孩子独立人格的培养，父母首先要注意言传身教。

孩子性格的养成是潜移默化的，在孩子成长过程中，难免会出现各种错误，此时，父母如果经常使用带有惩罚性质的话语去批评指责孩子，就会使孩子养成自卑胆小的性格，或者产生对立情绪。

有些父母认为孩子年龄还小，没有自尊心、羞耻感，这大错特错！其实两三岁的孩子也有自尊心，只不过孩子的自尊表现形式不一样。

父母一定要把孩子当成与自己人格平等的人，理解他们，尊重他们。

俗话说："良言入耳三冬暖，恶语伤人六月寒"，父母要特别深悟"良言"的妙用，要善于观察与揣摩子女的心态处境，选择时机有针对性地用"良言"抚慰他、温暖他、激励他。

当孩子受窘时，不妨说几句给孩子解围的话；当孩子沮丧时，适时说几句热情的话予以鼓励；当孩子疑惑时，用柔和的语言给他提下醒；当孩子自卑时，不忘记用他的“闪光点”燃起他的自信心；当孩子痛苦时，尽量设身处地说些安慰的话……这样，孩子蔫了的理想之花又会渐渐开放，垂落的人生之帆就会慢慢扬起。

第六，父母要尊重孩子的天性。

尊重孩子的天性会促进孩子独立人格的形成。父母可以经常根据家庭生活的规律，从家庭生活的琐事做起，从小处着手。

孩子往往对一些在大人看来微不足道，甚至非常可笑的事情表现出极大的热情和兴趣。比如，孩子走在街上，会突然驻足，盯着正在执行浇树任务的汽车观看。实际上，孩子很可能是在想：汽车为什么会流出这么多的水？水从什么地方出来的？所有的汽车都能流出那么多的水吗？树也会口渴吗？树也能把水喝到肚子里去吗？树的肚子在哪里？实际上，这就是客观事物在孩子大脑里产生的影响，是孩子大脑思维的扩散，父母稍做引导孩子就可能产生新的创新、创造的思维。这时父母千万不要生拉硬扯地要孩子离开，不要因为耽误了一点点时间去批评、训斥孩子或耻笑孩子，要知道这正是孩子的天性，是孩子创新、创造的思维火花的闪现。

孩子的思维往往是单向的，正是这些单向思维，是孩子认知能力产生的开始，是孩子不断认识客观事物、积累生活经验，产生创新、创造智慧的基础。

还有，父母会常常在孩子的口袋里发现几颗小石子，几张揉皱了的画片。他们会对你说：“这个石子像小猫，这个石子多像娃娃呀。这些带花纹的石子一定是雨花石。”

这是孩子的想象力在产生，作为父母一定要好好保护，这是孩子想象能力产生的开始，是孩子产生将来创新、创造新生活的基础。

突然有一天，孩子带回了一株小草，学着大人的样子把小草种在了花盆里，并且给它浇水，弄得满手满身的泥，甚至把屋子也弄脏了。此时作为父母不要横加干涉或阻拦，或干脆将这些东西统统扔进垃圾箱。最好的方法是参与其中，和孩子一同分享生活的快乐。父母可以找些石子、图片，和孩子一起将石子和图片组成新的图形。组成的图形可以是小房子，也可以形成一个公园，有目的拼起一系列的图形；还可以找些真正的雨花石与一般石子进行比较、与孩子一同观看种在花盆里的草、观察时和孩子一起总结雨花石与一般石子的不同、花盆里的花草的变化，这样就会发现孩子会更加留意和关心身边的人、物和事，会对季节变化十分敏感，慢慢地就会对自然生态产生浓厚的兴趣。

在孩子生长过程中，学习固然十分重要，但如果孩子的生活中只有学习，而缺少其他的内容，如果生活中孩子的乐趣一旦被忽略，孩子的生活就会因单调而乏味，这种单调而乏味的生活，就会在孩子成长的过程中，产生不健康的心理，如厌学、易怒、感情脆弱、多攻击性等。久而久之，孩子会失去了认知能力，因没有成就感，而丧失上进心，对身边的人和事情表现出极端冷漠的心理。

所以，在家庭教育中，父母一定要清楚地认识到：孩子对身边事情的反应，正是对生活的最初发现，也是他们认识生活、热爱生活的具体表现。

【案例1】

在王老师教的班上，有一个特别调皮的孩子，每堂课都是重点的关注对象，好像如果哪堂课他不弄点“事”出来，就觉得不正常一般。打架、开小差、满操场地到处跑，精力充沛的感觉永远都不会消停似的。这样的学生，初始接触的时候，感觉还蛮可爱的，渐渐地烦了，后来就厌了，有时候甚至于心里面会“邪恶”地想，他要是不来上课，该多好啊！不得不说，邪恶的种子一旦种下，无论浇不浇水，都会生根发芽，而且长势迅猛，仿佛一夜间就能长成参天的大树，掩住心中的阳光。有了讨厌，两者就成了对立的。心底里诅咒：怎么会有这样的孩子，真是的，没见过这样！于是越看越觉得他不顺眼，越不顺眼就越讨厌。有的时候，还会有种冲动，好想上去给他一巴掌，教训教训他，让他长长记性，不过还好，自制力还行，控制住了，终是没有犯下原则性的错误。不过，王老师还是不知不觉中恐惧起上这个班的课来。

后来发生了一件小事，让王老师忽然间醒悟了。那是一个下午，上这个班的课，那天不知为何，居然早早地就到了教室。由于上课铃没响，孩子外面玩得欢着呢！忽然，那个淘气的孩子满脸疑色地跑过来问王老师：“老师，你看那里是不是一坨鸟屎啊？”王老师听了他的话，一阵无语，心中想：这孩子没救了。不过看着他一脸疑惑，又不忍心说什么太重的话，便道：“老师没有看，所以不知道呢。”他眨了眨眼，痴痴地望了王老师一眼，转身跑开了。王老师以为他会就此作罢，可是让她惊讶的是，那个孩子居然跑到了鸟屎旁边，很好奇地蹲了下去，做了个惊人的动作，竟是趴在地上闻了闻。天啊，真的无药可救了。他的表情很严肃，忽然像哥伦布发现了新大陆似的点了点头，开心地又蹦又跳地向老师跑来道：“老师，我确定了，那确实是鸟屎！”那一刻，王老师的大脑似乎被雷电击中了一般，刹那间短路了，脑海中，以前他做的那些“错事”电影般一幕幕闪现：“原来错的是我，是我误会了他，他并不是调皮，并不是故意想在课堂上捣蛋，他只是好奇心太强，并且敢于实践，做了很多其他孩子不敢做的事情而已。”爱玩、贪玩不就是孩子的天性吗？回头想想，作为一个老师，怎么能扼制孩子的天性呢？其他孩子是不是也有这样的情况，而作为老师却没有发现呢？

【分析】

案例中的王老师班里一个起初令她感到“生厌”的男孩子的调皮捣蛋的行为，让她幡然醒悟“原来错的是我，是我误会了他，他并不是调皮，并不是故意想在课堂上捣蛋，他只是好奇心太强，并且敢于实践，做了很多其他孩子不敢做的事情而已。”

父母似乎都喜欢“听话”的孩子，因为温顺、安静的孩子比一个闲不住的“调皮鬼”省心，“听话”的孩子让学就学，让玩就玩，仿佛这样的孩子更有前途。但实际上“听话”的孩子是被操纵在父母手心的，在某种程度剥夺了孩子表达自己的权利，而那些“淘气”的孩子则是其内在个性化的一种真实的表达，是他内在需求的外在表现。

所以，不管父母还是教师都要用积极的态度承认他们、容纳他们、引导他们，把孩子“反抗”“捣乱”的能量转化为创造潜能。

【案例2】

婷婷是个做事专注、情绪稳定、待人亲切、诚恳的孩子。她的父母在教养经验中总结出了三点：（1）鼓励优于指责；（2）尊重孩子的人格；（3）教养方式要一致。婷婷的父母在教养孩子过程中既不娇惯，也不过于严厉，既不随心所欲地支配孩子，也不任凭孩子支配。父母亲对孩子的活动在加以保护的同时，并给以社会和文化的训练。对孩子要求给以满足的同时，并在某种程度上加以限制和禁止。这就是所谓“严而不厉，宽而不娇，爱而不溺，放而不纵”的教育良策。婷婷就是在这种教养方式中逐渐形成了快乐、谦虚和自信的个性。

【分析】

从婷婷的家教案例中了解到，家庭对于孩子形成良好的性格起着至关重要的作用。个性是具有一定倾向的稳定的心理特征，它决定了孩子的需要、兴趣、爱好等，所以孩子的个性从小是否能打好基础，关键在于父母的影响。孩子通过父母的教养态度、亲疏程度、鼓励与责备等过程中逐渐形成自己的个性，所以父母的言行举止对孩子起着潜移默化的作用，在民主、和谐、文明的家庭环境中，孩子会情绪稳定、性格开朗、感情丰富、自信心强，更富有表现力。

认知：

理解：

做一件什么事	怎么做	对你的触动

准备：

学会做：

要遏制住孩子的“脾气”

遏制孩子“脾气”最好的办法是：在处理孩子第一次发脾气时，父母一定要有耐心，不能半途而废，在孩子第一次发脾气时就制止。

如果由于父母的心软，在孩子第一次发脾气时不能制止，孩子就极有可能养成“发脾气”的坏习惯。

孩子一旦养成“发脾气”的坏习惯，父母要采取正确的方法，慢慢纠正。比如，不予理睬的态度，专心于其他事情。

告诉孩子：“什么时候安静下来，我才跟你讲话。”这样，孩子就会渐渐地由大哭变成小哭，由“闭眼哭”变成“睁眼看父母的反应哭”，他的注意力就会慢慢地转移到父母身上来，静静观察父母做事情，渐渐忘记了撒泼。

当他的情绪稳定以后，父母一定要告诉他那样做不好，并说明为什么不好。这样孩子就容易接受父母的意见了。

当孩子心情焦躁、乱发脾气时，父母在指出他的错误以后，可以在一段时间内不理睬他，让他知道发脾气、不讲道理是行不通的、是无效的。

当孩子由于某种要求未能满足而大发脾气时，父母不要采取强硬态度，非要把孩子制服。这样就如火上加油，孩子的脾气会更大。成人应该态度冷静、方法灵活，有时要适当给孩子留点面子，找个台阶，让他自己下。

【案例1】

糖果是一位3岁4个月的小朋友，她有着这个年龄段所有小朋友拥有的情绪状态，有着自己的想法和语言，这个年龄段的孩子常常不知道如何控制突如其来的怪情绪。

于是，最爱宝贝的妈妈左思右想，有了一个好主意。

门“砰”的一声被打开，糖果怒气冲冲地闯了进来……

妈妈说：“宝贝，妈妈看得出你现在很生气，你想说说怎么了吗？”“不，就不，我不要。”

糖果很认真地在纸上涂色，妈妈在糖果身边创作脸谱。妈妈说：“你可以选一个自己喜欢的地方把这张脸谱贴起来，当你有情绪的时候可以来到这里冷静一下，也可以告诉妈妈你选择哪一张脸谱。如果你愿意可以告诉我发生了什么。发脾气、伤害自己、损坏东西都是不好的。”

糖果说：“就叫冷静太空吧！”有了自己的“冷静太空”，糖果似乎不再那么生气，她告诉了妈妈她是怎样摔倒并弄脏了自己最喜欢的玩具熊“布布”。

【分析】

糖果妈妈那浓浓的爱意、深深的理解和满满的智慧。

面对孩子突如其来的负面情绪，妈妈没有指责和制止，而是用亲切的询问和拥抱，让孩子感到自己的情绪是被重视、被接纳、被理解的，进而使情绪得以宣泄、安抚和转化。更可贵的是，妈妈通过脸谱图的建立，帮助孩子在表达情绪的过程中，学习识别、接纳自己的不同情绪。研究发现，当孩子的情绪被正确识别和表达后，孩子的情绪强度就会下降20%—40%。

【案例2】

琳琳是一个朋友家的孩子，13 岁，小时候琳琳的父母就争吵不断，后来终于离异。琳琳和母亲、外婆、舅舅一起住。

在家里为一件小事，外婆常常唠叨个没完没了。

琳琳喜欢养热带鱼，常常静静地看鱼游来游去。有一次，因为看鱼和外婆发生了争吵，还竟然动手打了外婆。

妈妈吓坏了，怕这样下去，家里会出事，就搬回自己的房子。

住在自己家里，母子争吵成了家常便饭，有时为了早晨要不要吃鸡蛋，或者外出穿长袖还是短袖，琳琳总会歇斯底里地大喊大叫，妈妈被他折磨得一点办法都没有。

有一次，妈妈从外面回来，琳琳躲进卫生间，在里面乱打乱敲，用淋浴的喷头到处喷水。原来是一瓶发霉的色拉酱，琳琳打开吃了，吃完才发现色拉酱发霉了，自己心里郁闷。

妈妈看到这种情景，感叹地说：“哎呀，吃了一点点，没关系。”

琳琳却把这句话理解为妈妈对他的责备，大声对妈妈吼道：“我又不是故意的！”妈妈赶紧向他解释，但他仍然坚信妈妈是在责备他。

不仅如此，家里发生的许多事情都让妈妈感到不知道如何是好。

后来，妈妈和琳琳聊天的时候，琳琳问妈妈：“你有没有觉得你的一些行为是否不妥呢？”妈妈很吃惊心想：“我还做得哪里不妥呢？对琳琳已经够容忍了，他怎么不讲道理，我都那样温和地对待他。”

【分析】

问题就出在妈妈的温和上，试想：妈妈只是和颜悦色地感慨一句，孩子就理解到责备上去了，这说明他极度敏感，害怕别人的批评，他在理解妈妈的意思上有偏差，这就需要找个合适的时机告诉他妈妈本来想表达的意思。他为了这样一句话暴怒，到卫生间里搞破坏，等他过来搭讪，妈妈的表情和语气告诉他：再遇到这样的事情，还可以这样发脾气，可以搞破坏，妈妈不会怪你，这是妈妈的本意吗？

琳琳的情绪已经坏到极点了，难道这时候去惩罚他吗？遇到这样的事情，父母应该采取冷处理。用自己的行为和表情告诉他：妈妈生气了，这样做妈妈很不开心，让孩子看到自己行为引起的后果。

类似的事情几乎每家都有，只是没有这样激烈罢了。其实，这就是父母的行为塑造的孩子的行为，孩子身上的问题，要反省一下，是不是许多事情没有让孩子体会到后果，父母一味地妥协，反倒模糊了“做与不做”之间的界限。

【案例3】

杜娟和黄丽是同事，她们的两个孩子差不多大，今年都5岁了，但是杜鹃的孩子非常喜欢生气，一有不合她心意的事情，就把嘴巴嘟着，站在那里一动不动，这时候杜娟会说一句“干什么嘟着嘴巴，不好看”。但是她的孩子没有半点反应，于是杜娟就一边骂骂咧咧地说“烦死了，总是生气，来妈妈带你去买好吃的”，一边背着她的孩子去买零食。但是黄丽的孩子不开心的时候，黄丽则引导她的孩子说出为什么不开心，并耐心引导孩子走出不开心的情绪，如果孩子还是生气，黄丽就在身边陪着孩子，不说话就做自己的事情，等孩子愿意和她说话了再继续沟通。黄丽的孩子从来不会因为想得到什么物品和父母故意生气，因为他知道，自己生气没有用，但是心平气和地和父母沟通，说不定有用。但是杜鹃的孩子每次有不如意的事情就生气，因为他知道父母虽然说自己，但是最后一定会满足自己。两个同事的孩子，性格差异却如此大，可见对于孩子的教育方法正确有多重要。

【分析】

杜娟的孩子爱生气从而得到父母对他的顺从，因为杜娟没有坚持不向孩子妥协，只要孩子继续生气，杜娟就会想办法哄着孩子。黄丽的孩子从小便知道了生气没用，所以他不开心的时候和父母沟通。所以父母在教育孩子的时候，一定不能孩子发脾气就向孩子妥协，而是要坚持自己的原则，让孩子明白生气是没有用的，久而久之，孩子就不会选择生气的方式来获得自己想要的东西。

认知：

理解：

做一件什么事	怎么做	对你的触动

准备：

学会做：

不要让“任性”养成习惯

孩子任性的问题带有普遍性，是孩子一种不正常的心理状态的反映，与他们身心发展的水平较低有关，也与父母教育的态度和方法有关。

在生活中，孩子自己的要求一旦得不到满足，就大哭大闹，有的甚至在地上打滚，摆出一副不达目的誓不罢休的架势。父母如果不及时纠正，使之无所控制地发展，就会成为孩子要挟和满足自己某种需要的法宝。

3 岁以后的孩子独立性和自我意识有了明显的增强，他们力图摆脱成人的帮助，自己独立地做事情，由于能力尚未形成，再加上孩子思维具有刻板、片面的特点，会出现人们常说的“3 岁危机”的现象，因此，这个时候父母一定要耐心、细致地管教。

需要提醒大家的是：一要明确地认识到孩子任性对健康性格的形成是不利的；二要培养孩子稳定的情绪，遏制住孩子任性的毛病，搞清楚孩子任性的真正原因，对症下药；三是绝对不能为暂时止住孩子的任性而满足孩子的需求。孩子任性大概有以下几种情况：

1. 孩子不舒服时会任性

孩子生病、疲劳时，父母要结合当时的情境和孩子的情绪状态判断孩子的身体状况，尽可能地给孩子以关心，避免孩子任性。

2. 孩子受到冷遇，感到失望时会任性

孩子自己玩了一天，很想和妈妈玩一会儿，或者很渴望父母的表扬，可父母（大人）却毫不理会，照旧干自己的事，此时，孩子就会任性。

此时的父母(大人)若能主动给孩子放松，沟通一下感情，了解孩子的愿望，就有可能避免孩子因情绪不佳而任性。

3. 父母的溺爱和迁就使孩子任性

如果是父母的溺爱和迁就使孩子动不动就任性，就要注意严格要求孩子，不能再有求必应。

孩子任性，这个现象的形成和父母关系密切，当孩子第一次任性时，父母的处理态度十分重要。

有的父母一见孩子任性，就采取“哄、劝”，对孩子提出的要求也一应百应，这种过分迁就和溺爱，给孩子营造了“任性”的环境。

一般父母可能会简单地认为：孩子嘛，哄一哄就得了，孩子却从心里认为：“只要我一闹，父母就会依我，要达到自己的目的只有任性”，孩子把“闹”当成了满足自己欲望的法宝，长此下去，孩子便养成了“任性”的坏习惯。

还有的父母把问题看得更简单，解决问题的方法只有一个字“打”。

结果效果更糟，孩子可能要么表面屈服，要么越闹、越凶，他（她）们心里会想：是你让我“闹”的，为什么还要打我？由此，对父母就会产生敌视心理。

遏制孩子“任性”的坏习惯，最好的办法是孩子第一次任性时，就要给予坚决制止，不能心软，如果第一次不能制止，孩子就极有可能养成“任性”的坏习惯。

孩子任性时，父母可采取不予理睬、专心于其他事情的态度。让孩子感觉到：“只有安静下来，大人才会跟他（她）讲话。”这样，孩子就会渐渐地由大哭变小哭，由“闭眼哭”变到“睁眼看父母的反应哭”，他的注意力就会慢慢地转移到父母身上来，静静观察父母做事情，渐渐忘记了撒泼、胡闹。

当孩子心情焦躁、任性胡闹时，父母在指出他的错误以后，可以在一段时间内不理睬他，让他知道任性、不讲道理是行不通的、是无效的。

当孩子由于某种要求未能满足而任性胡闹时，父母不要采取强硬态度，非要把孩子制服不可。这样就会火上加油，使唤孩子闹得更大。父母（大人）应该态度冷静、方法灵活，适当给孩子留点面子，给他（她）找个台阶，让他（她）自己下。

有的孩子在家里、在父母面前任性，而在幼儿园或其他环境下的确表现得很好，这样的孩子可以让他暂时离开任性发作的环境，到亲戚朋友家生活一段时间或到寄宿制幼儿园过一段集体生活。这对矫正孩子任性的缺点会有好处。

孩子每餐吃东西后都习惯不擦嘴巴，不定期任性地说："我不喜欢擦。"

父母说："你不是说你像×××吗？我看×××就比你干净。"

对于年龄小的孩子，只靠正面教育是不够的，适当纠正也是一种极为有效的教育手段。

孩子任性不吃早饭，父母既不要责骂，也不要威胁，只需饭后把所有的食物都收起来。孩子饿时，告诉他肚子饿是早晨不吃饭的结果，孩子尝到饿的滋味以后就会按时吃饭了。

总的来说，孩子的任性行为一旦出现，也不必太紧张，重要的是疏导。

切不可时而抓紧教育，时而放松教导，凭大人的情绪决定教育态度。对孩子任性的行为切勿姑息，不允许的行为、不合理的要求一次也不能放松。父母给孩子提出的要求应让孩子有信心可以达到、易于被孩子接受。这种明确的是非观念，会使孩子确切地感到大人的教育态度坚决。

孩子那种“我独占”“我为主”“服从我”的不良心理和行为，将随着良好环境与教育的熏陶而消失。

我们经常发现有些孩子在家中活泼大方、能说会道，一旦去别人家做客或遇到陌生人，却局促不安、胆怯怕生。这是什么原因呢？首先，孩子生活在一个复杂的社会环境中，父母是其最先交往的对象，以后逐渐扩大到邻居和伙伴，这中间有一个从生到熟的过程。

如果爸爸妈妈整天将孩子关在家里，不与外界接触，势必会造成上述情况。

实际上，孩子局促不安、胆怯怕生、扭扭捏捏的主要原因就是：爸爸、妈妈溺爱孩子，什么事情都包办代替，继而造成孩子没有了自己的主见，一见到生人便会畏首畏尾无所适从。因此，培养孩子举止大方最好的方法也就是：孩子自己的事，自己能做的一定让他（她）自己做。

【案例1】

小林4岁的女儿特别能哭，以前小林夫妇总是姑息迁就，结果，女儿便养成了以哭来要挟父母的习惯，眼泪说来就来。小林感到这样下去不行，便寻找机会教育女儿，女儿有什么要求，只要说出理由是正确合理的，父母就会满足她，反之，如果不讲道理地哭闹，那么即使是合理的要求父母也不答应。

一天，女儿又开始犯倔了，小林让她先练画儿，每天规定好的时间，而女儿偏偏要先玩新买的玩具。小林一再讲要养成先学习后玩的习惯的道理，但女儿就是不听，而且还使用了她惯用的伎俩——抹眼泪。小林见说理不行，马上断然宣布："今天不能玩玩具了。"女儿听了大哭，小林也马上升级，说："明天也不许玩玩具了。"结果到了第三天，女儿果然没能摸着玩具，不过她也没有再哭闹，以后她就很少再采用这种无理的方式来表达要求了。

【分析】

小林意识到不能让孩子任性不管，这样只能害了女儿，因此当女儿不讲理的时候，小林便不让女儿玩玩具玩具惩罚女儿，这样女儿慢慢意识到，任性并不能给自己带来好处，自然也就不会再有任性的行为。

【案例2】

宝宝最喜欢的就是电热毯的开关，而且就在床头的下面，总电源都被我们挪到高处了，可这个没办法挪只能放在那。一天晚上，宝宝吃过饭我陪他玩，他就去抠电热毯开关，我就一遍遍告诉宝宝那个不能动有电打手，宝宝很听话那天晚上不抠了，可以后还抠，不管怎么说照抠不误，我气急了吼他几声，跟没听见一样，什么办法都试过了，可就是改不了。后来我就趁他抠电热毯开关时弹他指尖一下，宝宝感到疼，但是继续抠，我就弹了他好几次，最后一次真的弹疼了，宝宝坐在地上哭了，我心疼了，就耐心对宝儿讲道理，却越哭越厉害，后来我干脆不理他了，假装整理他的玩具，他看我不理他了哭声越来越小，后来就爬到我身边和我一起整理玩具。

宝宝不哭了，我就耐心对宝宝讲抠开关的危险，从那以后宝宝就没抠过开关。

孩子在 3 岁之前的哭，代表了孩子有痛苦，3 岁之后孩子的哭就开始有目的性了，而不是纯粹的痛苦。比如，他想要什么玩具，不给他买，他就会哭闹，在地上打滚。这时候，父母就需要做一个克制任性的训练。当孩子哭闹的时候，把孩子抱回家，放进没什么危险的卧室，把门关起来，只留一个父母在卧室里与孩子一对一，一个父母管教孩子就够了。这时，不要骂他，不要打他，不要说教，也不要走开。当孩子哭得筋疲力尽的时候，给他擦把脸，同时问他要不要再哭了，想哭接着哭。这样做，可以告诉孩子，无理取闹的行为，父母不会让步也不会心疼，也可以让孩子知道闹是没用的。同时也不能让孩子太压抑，可以告诉孩子，以后有什么事要好好跟爸爸妈妈说，如果他能说服父母就可以得到满足，这是在鼓励孩子跟父母交流，鼓励的频率是三比一，即交流三次满足一次，让孩子知道交流有用，但又不是所有的想法都能被满足，这样的模式建立好了之后，孩子会知道无理取闹没用，如果自己特别想要会跟父母交流，这样到青春期之后，孩子和父母的关系就容易相处了。

【分析】

孩子和父母的交流是一门学问，既不能一味满足孩子的要求，也不能一味否定孩子的要求，通过适当满足孩子的要求，让孩子可以意识到交流的重要性，孩子自然不会无理取闹。

认知：

理解：

做一件什么事	怎么做	对你的触动

准备：

学会做：

良好性格形成的要件

孩子的性格最初是在家庭生活中形成的，家庭对孩子良好性格的形成有很大的关系，我们从小培养孩子良好的性格，将会使他们终身受益。

1. 家庭对孩子教育要保持一致性

现代的家庭中大多数是独生子女，他们的长辈有父母、爷爷、奶奶、外公、外婆等。首先长辈对孩子进行教育时必须有统一的认识，克服树大自然直，孩子大了自然会懂事的错误观念，更要杜绝孩子的父母说应该这样做，而祖辈却说那样做的情况，长辈之间的矛盾造成孩子无所适从，使之缺乏正确的是非观念。因此做父母的一定要保持教育的一致性，更要为孩子做出榜样，以自己的一言一行为孩子做出良好的示范。

2. 培养孩子能关心别人，共享快乐

独生子女在家庭中的地位，往往导致他们自私、不合群、不关心别人等不良性格的形成。为了防止孩子的“自我为中心”，我们的父母应从小事着手，从日常生活中去陶冶他们，如有好东西吃应让孩子给长辈，最后给自己，懂得大的给别人，小的给自己，不能有自私独霸的行为，同时也应让孩子多与同伴交往，培养他们初步的社交能力。

3. 爱孩子要适度

爱孩子是父母的天性。但父母在爱孩子的同时，应该向孩子提出适当的要求，不能孩子要什么就给什么、要怎样就怎样，一副“拿他没办法”的样子。对孩子合理的要求应该给予满足，对孩子不合理的要求，应耐心地教育、说服，使其懂得道理，这才是真正地爱孩子。

【案例1】

有一篇题为《美国孩子对父母的“告诫”》的文章，以孩子的口吻这样写道：“我的手很小，无论在什么时候，请不要要求我十全十美；我的腿很短，请慢些走路，以便我能跟得上您；我的眼睛不像您那样见过世面，请让我自己慢慢地观察一切事物，并希望您不要对我加以过分限制……”

【分析】

孩子需要慢慢成长，父母应该学会站在孩子的角度思考问题，而不是站在成年人的角度，有时候让孩子慢慢走，慢慢发现，慢慢成长，这样孩子成长的每一步才会更踏实。

【案例2】

去年的这个时候，有一次早晨送女儿去幼儿园的路上，一位清洁工正在扫树叶，因为穿的是凉鞋所以扫起的沙子进到了鞋里。

女儿有点不高兴了说：“妈妈，沙子都进到我的脚里了。”

“妈妈在前面的时候就有沙子进到脚里了，你把鞋尖竖起来，你看轻轻一倒就出来了。这点儿小事儿没必要不高兴，你看看清洁工叔叔自己的鞋里得进去多少沙子啊。”

“是的，妈妈，一下子就倒出来了。”女儿一下子高兴了起来。我说：“如果没有清洁工叔叔扫树叶，那树叶不是堆满一路了，一下雨大家都会滑倒。”

“是的，妈妈，不光是这个，如果铺满了树叶，下面的井盖啊、坑坑啊什么的，大家都看不到了，多危险啊！”

【分析】

当女儿抱怨沙子进自己的鞋里面了，妈妈耐心告诉女儿怎么把沙子倒出来，解决了女儿的问题，同时妈妈还举例子说明自己鞋子里进沙子不是很大的问题，环卫工人更辛苦，这样女儿便不会因为这种小事不开心。孩子成才过程需要父母正确引导。

认知：

理解：

做一件什么事	怎么做	对你的触动

准备：

学会做：

保护好自信心和自尊心

自尊心和自信心是人的精神主格，即使是能力差的孩子，只要我们能发现他的长处，提供展现的机会，及时给予表扬和鼓励，就能把他内在的潜力发挥出来，我们要尊重孩子，特别是孩子犯错误时，不能用打骂的方式或者用一些难听的言语来刺激他们，而应抓住他们的某些特长或进步给予鼓励和表扬，这样孩子就会有信心。

积极评价是激发孩子潜力的有效手段，是孩子建立自尊自信的源泉，积极客观地评价孩子，不要总是看到孩子的缺点，不要以完美的要求去苛责孩子，应以发展的眼光来看孩子，父母对孩子要多鼓励少批评，及时表扬孩子的微小的进步，不要把它当作理所当然而忽略掉，鼓励过多会使孩子不是关注自己的进步，而是只被奖励所吸引，还不要过分指责孩子的失败与错误，应了解和区分孩子失败和错误的动机、原因，面对这些失败与错误，父母应予以谅解与宽容、帮助和支持，教会孩子一些正确的方法，鼓励孩子再试一次，学会正确评价自己的孩子，当着别人的面尽量少责备自己的孩子，不要习惯数落孩子的不是。

对自卑的孩子要尽可能在别人面前夸他的长处。对骄傲的孩子，在别人面前以爱护而不是挖苦的形式指出和纠正孩子的缺点，让孩子与自己的过去比较，给孩子指出努力的方向，并教给他努力的方法。

父母是孩子的第一任教师，父母与孩子要多谈心，密切配合教师共同对孩子进行教育是形成良好性格的关键。

孩子最听教师的话，教师怎么说孩子就怎么做。因此家庭教育碰到什么问题，希望及时反映给教师，配合教师进行个别教育，效果往往会更好。有些孩子家中一个样、幼儿园又是一个样，若父母能及时与教师联系，教师就可以进行针对性的教育，从而改变孩子的不良习惯。

【案例1】

萧萧对自己的学习时间抓得很紧，总是分秒必争，从小学一年级到五年级，学习成绩一直很优秀，其原因就是他自动自发的刻苦学习精神。

有一次，周末午休，萧萧想睡午觉，告诉妈妈说："妈妈，下午 1：30 叫醒我好吗？"，妈妈认为孩子平时很辛苦，没有按时叫醒他，到下午 1：50 才叫醒萧萧，萧萧睁眼一看时间晚了，立刻冲妈妈吼叫起来。

妈妈没想到孩子会这样对自己说话，不由分说便拿起扫帚把萧萧打了一顿，边打嘴里还振振有词地念叨说：“想让你多睡一会，你就这样喊叫，不打你，以后就‘无法无天’了。”

妈妈萧萧为了证明自己打孩子的正确性，不仅向街坊邻居炫耀，还建议爸爸："以后萧萧只要‘不听话’，隔一段时间就要收拾一顿，不打不成才。"

萧萧从此产生了极大的叛逆心理，学习也不再像原来那样用功了，学习成绩由原来的全班前三名，一度成了倒数后三名。

上初中后，由于作业难度变大，叛逆心理明显上升，上课睡觉、下课抽烟，有时候故意顶撞班主任，班主任由于管理难度太大，一次家长会上，把萧萧的情况给萧萧妈妈说了，萧萧妈妈非常重视萧萧的学习，对班主任说：“小学时，萧萧学习成绩一直很优秀，怎么到你手里就变成这样子了？我们父母辛辛苦苦工作为什么呀，不就是指望孩子有出息吗？”

回到家里，萧萧爸爸、妈妈对萧萧的批评教育，怎么都没有了效果，萧萧反倒变本加厉，索性对爸爸、妈妈说：“我不上学了。”

【分析】

自尊心是孩子前进的动力，是力量的源泉。有些父母往往忽略这一点，为了在孩子面前维护自己的"威望"，强迫命令孩子服从自己，对孩子的过错不加分析，不看场合，不分青红皂白地训斥、打骂，伤害了孩子的自尊心和自信心，使之失去了生活上进的动力，给孩子学习、进取带来了严重的危害。

犯错就挨打，孩子就会感到心理孤独、孤单、无援。尤其是父母打孩子，会使孩子的自尊心受到严重的伤害。往往会促使他们怀疑自己的能力，平时就显得比较压抑、沉默，容易触发一些心理问题。

认知：

理解：

做一件什么事	怎么做	对你的触动

准备：

学会做：

让懦弱的孩子变勇敢

由于各种因素的影响，有些孩子从小就懦弱。比如，和小朋友一起玩耍时被人欺负只会“哭”，遇到了“强势的人”或“大一点的声音”就害怕等。

懦弱的孩子面临问题的时候给出的反应是“我做不到”或者是“我解决不了”，遇到问题就会选择逃避，于是我们发现很多怯懦的孩子遇到麻烦到时总会有一种鸵鸟心态。

懦弱的孩子大多内向，做事态度软弱，不懂得拒绝，明明自己不愿意去做的事情，却不去拒绝。当与人发生争执时，明明自己有理，却不能去据理力争。当被小伙伴欺负的时候，也不还手，总是逆来顺受。

懦弱的孩子的特征首先是沉默寡言、不好斗、几乎没有朋友、说话声音很小、眼神怯懦躲闪、做事迟缓、犹豫……

怎样才能使懦弱的孩子变得勇敢呢?

首先，父母要创造温馨祥和的家庭气氛，让孩子自由自在地生活。父母要有一个良好的心态、对孩子不溺爱不娇宠。

平时处处注意培养孩子的独立性、坚强的毅力和良好的生活习惯培养、鼓励孩子做力所能及的事，学会自己照顾自己，当孩子遇到困难时，不要一味包办，让他自己想法解决。

其次，要多带孩子到大自然去，使孩子敞开胸怀，开阔眼界，还要教给孩子适当技能，使孩子坚信自己不笨，增强自信心，敢于参加小伙伴的活动；多鼓励孩子与人接触交流，多带孩子到各种集体场合，让孩子与同龄伙伴多接触，有意识邀请小朋友到家中来，让他做小主人。

另外，父母还要多与孩子沟通，注意不要以罚代教，认真回答孩子提出的各类问题。

很多成功育子经验表明：孩子成功的关键是父母要重视培养孩子的性格和习惯，孩子良好性格的基础主要表现在快乐活泼、安静专注、勇敢自信、爱劳动、关心人、有好奇心和创造性、具有独立精神等方面，培养孩子良好性格时，父母要注意对孩子严格要求、承诺的一定要兑现，给孩子做表率，让孩子从小做勇敢的人。

【案例1】

轩轩小的时候，姥爷晚饭后总会带她下楼玩，广场上有很多小孩带着自己喜爱的玩具下来，轩轩有时候想去玩别人的玩具又不敢说，求姥爷帮她去说，姥爷一口拒绝并告诉她：“这是你想玩的东西，要么你自己去商量借来玩，要么就不要玩。”

轩轩忍了一会儿，终于走出第一步：自己去借小朋友的玩具了。

当然有时候可能会借不到，但大多时候还是可以成功借到的，这样，孩子只要成功一次，以后的事就好办多了。

后来，轩轩发现，自己多带几样跟小朋友交换的玩具，更容易玩到自己想玩的玩具，遇到喜欢小朋友的玩具时，便可以与小朋友交换，于是，每次下楼玩，轩轩不仅带上自己喜欢的玩具，还要多带几件，以便和小朋友交换。

【分析】

胆小的孩子常常是缺乏信心，比如遇到一件自己没做过的事情，胆子大的孩子就会勇敢地接受挑战，胆子小的孩子就会推脱、搪塞，时间长了还会习惯于依赖别人。

在孩子小时候帮助他养成一个事前打气的习惯，就是自己鼓励自己，通过给自己打气鼓励自己去接受即将发生的事情，在这个过程中，孩子的信心会有所提升，自我怀疑的心理也会在给自己打气的一瞬间有所消除，健康的心理状态会提高孩子的信心，孩子的胆量也会随之得到提升。

【案例2】

小山羊丁丁体格强壮，但很胆小。一次比赛中，丁丁连一个狭窄的山谷都不敢跳。妈妈很为丁丁的胆小而担心。

有一次，丁丁在大树下等妈妈，一只老虎向他扑了过来。丁丁选择了逃跑，跳过了一个又一个山谷。丁丁跑到最艰难的山谷时，他也一下就跳了过去。

丁丁妈妈惊呆了，激动地望着丁丁，为丁丁感到骄傲。

从那以后，丁丁再也不害怕跳山谷了……

【分析】

孩子胆小、懦弱使孩子失去很多展示自己、锻炼自己的机会。孩子的这种性格，离不开家庭环境的影响，父母的过度保护，常常会导致孩子胆小怕事。

父母应该让孩子学会独立，不要什么事情都去帮孩子打点好。父母更应该学会适当离开孩子，让孩子独立面对问题，培养孩子独立自主的能力，让孩子能够勇敢面对生活中的磕磕碰碰。

父母教育孩子独立，会让他们学会自我约束、自我管理、自我发展，培养孩子自信的品质，让孩子更好地成长（图4）。

认知：

理解：

做一件什么事	怎么做	对你的触动

准备:

学会做:

本章复盘

◎ 小问题

回答下面的问题，帮助你理解健康良好性格培养在家庭教育中的必要性。

1. 性格培养需要哪些要素?
2. 性格培养首先要做到什么?
3. 性格培养的步骤是什么?
4. 性格培养有哪些要注意的环节?
5. 性格培养有什么效果和表现?
6. 性格培养和掌握知识应该如何区别?
7. 性格培养的方式不同，效果有什么不一样?
8. 性格培养的问题有哪些?

如何做更好的父母

◎收起你的懦弱，摆出你的姿态，养成孩子成才的习惯，不要打击孩子的积极性！

◎就算周边的人（含家庭成员）都否定孩子，你也要相信孩子，不要管别人的看法。

◎孩子的习惯是通过健康良好性格培养出来的，要相信，世上本没有做不到的事，只有不做，才适得其反。

◎不管孩子如何，都可能不被欣赏，总有人认为他不够好，你不管别人怎么看，你都不能不注意培养孩子的良好习惯！

“管理好自己”思考题

【反向思维】

◎性格培养没有用，孩子就是不愿意学习！

◎性格培养到位了，孩子还是不好好学！

◎我对孩子的性格培养，道不同不相为谋！

◎对孩子性格培养不到位，反而被别人瞧不起！

【正向思维】

◎性格培养之后，家庭和睦了！

◎性格培养之后，孩子的能力提高了！

◎性格培养之后，父母与孩子相处更融洽了！

◎性格培养之后，父母与孩子的误会没有了！

与心对话

每日一问：

家庭生活中总有一些磕磕绊绊的冲突点，很多事情都需要性格培养，你面对这些问题是怎么解决的？你身边的家庭又是怎么处理的？

请将在家里看到的记录下来：

陶行知说：难管的孩子多半不是劣童，也不是真正的坏蛋，这个态度要立定，否则你主观上咬定他是劣童则一切措施都错，便愈管愈难管了。

要促进孩子的心理健康

- 不要忽视孩子的心理健康
- 平和乐观是心理健康的基础
- 让孩子“玩”出健康
- 心理健康是成才的保障
- 心理健康的六个标准
- 造成心理障碍的主要因素
- 家庭环境对孩子身心健康的影响
- 保证孩子心理健康的四项“投资”

不要忽视孩子的心理健康

孩子健康成长是父母（大人）最大的心愿。超越“无病无残即为健康”的传统观念，心理健康已成为现代教育理论中的核心命题，每一位父母都应该懂得：一个心理健康的生命，才有可能创造生命的价值。

事实证明：心理习惯养成是父母对孩子进行家庭教育的主要内容，心理健康为保证孩子的生命健康起着关键性的作用。

父母如果不摆脱“无病无残即为健康”这个传统观念的困惑，忽视孩子身心健康的锤炼，孩子的身体健康同样会遭受严重的威胁，甚至因心理不健康而夭折。

无数孩子成才的经验告诉我们：没有“健康身心”的孩子，职业和事业很难健康发展。也就是说，孩子“身心健康”是人生发展的基础，要孩子有健康的人生，社会赋予父母的责任就是重视孩子生存发展能力的养成，使孩子不仅有强壮的身躯，还要有健康的身心，真正成为对社会有用的人。

身体健康包含躯体和心理两个方面，心理健康是保证孩子躯体健康的重要因素，作为孩子的父母，不仅要关注孩子的躯体健康，更要呵护孩子的心理健康。

【案例1】

小红是小学一年级孩子，父母都是个体商户，工作较忙，平时由奶奶看护，没有上过幼儿园。平日在家很少与同龄孩子交流。

刚上小学时，在班级里不与同学交流，更不交往，每天上学时都要哭闹一阵，经常迟到，在学校里总说自己肚子疼，焦虑、紧张、敏感、退缩，有时还有暴力倾向。对学习缺乏兴趣。张老师发现小红的情况后，首先引导小红认识学校，鼓励她在心理上接纳同学，唤起她对知识的好奇心和对学习的兴趣。

慢慢地，小红习惯了学校的集体生活，开始与同学交流感受和想法，不再说自己肚子疼了，焦虑、紧张、敏感、退缩以及暴力倾向也慢慢地改变。

【分析】

案例中小红这样因心理问题而导致的悲剧的孩子已经层出不穷。

心理问题包括很多方面，有一些问题，父母没有注意到，或者不认为它是个问题。而好多问题往往又是慢慢积累而成的，如不早点帮助孩子克服和正确引导，可能会给孩子造成严重的后果。比如，自卑、脾气暴躁、焦虑、冷漠、暴力、霸道、孤僻、自私、自虐等都与心理问题有关。

孩子的心理是否健康，直接影响着他们的学习和生活，甚至会影响到身体的发育。健康的心理不仅能给孩子带来愉悦的精神享受，更能给他们带来良好的人际关系、强烈的学习兴趣。

当孩子出现各种情绪时，父母要能够理解孩子、包容孩子。孩子的情绪也很容易受到环境的影响。如果家庭成员中，尤其是母亲有抑郁或者焦虑的情绪，就非常容易影响孩子，让孩子潜移默化地用抑郁或者焦虑的情绪处理方式来面对事件。

父母在面对孩子情绪起伏时，首先需要了解自己的情绪和行为，在稳定自己情绪的状态的前提下做一个有效的榜样，教会孩子如何调节当下的情绪。

【案例2】

有一个名叫王辉的17岁中学生，只因忍受不了母亲一天到晚要他“学习”的唠叨，竟残忍地将母亲砍死在家中，装进一个木箱里。直到在外地工作的父亲回到家中，见家里空无一人，在桌子看到儿子留的一张纸条：“爸爸：妈妈得了绝症。她不想连累这个家，先走一步……我实在承受不了这样的打击，我也走了，去找妈妈……我可能过了年再回来，或者不回来，听天由命。对不起！爸爸……”王父大吃一惊，到学校一问，儿子果真好几天没去学校，也没有请假。他觉得此事蹊跷，一番翻箱倒柜后，一只木箱里赫然放着妻子的尸体。

【分析】

现在的孩子大都是独生子女，在家十分受宠，对集体和同学缺乏应有的关注，表现更多的是自私的一面。又因父母忙于工作，对孩子的关心非常少，而现代社会灌输给他们的资讯又源源不断，如果没有正确的疏导，一个小小的问题就可能给他们造成很大的挫折感，很容易造成孩子情感上的孤独，使孩子的心理表现得十分脆弱。

心理障碍是隐性的、潜伏的，不易被发现。但它却是影响孩子健康成长的绊脚石，是锁住孩子快乐的“锁”。厌学、焦虑、恐惧、抑郁、自卑、妒忌、多疑、逆反、孤独、上网成瘾等这些心理问题表现在孩子身上时，作为父母一定要像关注孩子的身体和学习成绩一样，关注他们的心理，做好孩子心理健康的疏导工作。

认知：

理解：

做一件什么事	怎么做	对你的触动

准备：

学会做：

平和乐观是心理健康的基础

平和乐观的心态来源于“爱心”“善心”和“真心”，是提升孩子人际关系的交往和独立自主能力以及保证身心健康的基础。

平和的心态，即好心情，好心情就是有好心、好情，平和乐观的心态是孩子身心健康的超级“保健药”，有了平和的心态，孩子为人处事乃至学习生活都会处于健康乐观的状态。

“爱心”促使孩子的身心健康。爱心多，内啡肽释放就多，人体微循环就会得到改善，免疫力就会得到增强。

生理学家研究表明：当人处于身体不适或精神低迷状态时，爱心就像一片照射在冬日的阳光，使不适的身体和低迷状态的精神顿时振奋起来，病态就会悄悄离去；爱心就像一泓出现在沙漠里的泉水，使濒临绝境的人重新看到生活的希望；爱心是一首飘荡在夜空的歌，使孤苦无依的人获得心灵的慰藉。

“善心”会使孩子人生更美丽。生活中孩子对任何事情起心、动念都会影响孩子的身体健康；孩子坏心、坏念一起，身体就会产生坏的毒素，使孩子的身心难以平静。因此，要保证孩子的身体健康、生活幸福快乐就要培养孩子的善心，从培养孩子的善心、善行做起，让孩子明白“恶有恶报，善有善报”的道理。

倘若孩子以仇恨或邪恶的心面对他人，心理就会变得愤怒、丑陋、忧虑、忐忑不安，影响孩子的身体健康。

“真心”会增加孩子的快乐。

很多父母对孩子的“约束”过多，常常按照父母规定的“标准”来要求孩子，孩子在这样的环境下，很难有自己的快乐，试想：如果孩子不快乐，父母对孩子的教育还有什么意义呢?

对孩子用“真心”才是“真教育”。“真教育”即“真心”的教育，就是父母一定要站在孩子的角度考虑问题，尊重孩子的意愿，首先要考虑的是孩子的“快乐”。想要孩子“快乐”，父母在生活的点点滴滴中，都要给孩子“快乐”的空间。

父母对孩子的教育不是一成不变的，对孩子的快乐而言，环境、条件、时间、事情变了，对孩子的要求就要相应调整。如果不考虑相应的变化，一味地按照父母的意愿对孩子指手画脚，对孩子的任何“教育”都会适得其反。

【案例1】

星期天，孩子约同学到家中做客，按照孩子们自己的习性，玩自己的游戏，把家里搞得“一塌糊涂”。

父母回到家里后，见此情景，就出现了以下不同的情境：

A父母：看到桌上、地上凌乱的物品，马上皱起眉头："家里怎么这么乱，赶快整理一下。"

孩子们听到父母的"指责"，笑容僵硬在脸上，慌慌张张地捡起地上的物品，刚才兴致勃勃、热闹的场面，烟消云散了。游戏到此结束了。

孩子们整理完后，一哄而散。

B父母：看到桌上、地上凌乱的物品，皱起眉头说："你们玩过以后，要把房间整理干净啊！"

孩子们听到父母的指责，笑容僵硬在脸上，虽然游戏还会继续，但孩子们游戏的快乐感明显不如刚才，只剩下了机械地玩，还不时用眼神瞟向父母，游戏很快结束了。

孩子们整理完后，一哄而散。

C父母：看到桌上、地上凌乱的物品，什么话也没有说，高兴地与孩子交谈起来。孩子游戏结束后，幽默地对孩子们说："我们再增加一个节目好不好？"，孩子们快乐地看着父母说："好！我们要打扫战场"。

孩子的游戏继续进行，更加兴奋、欢乐、热闹。

游戏结束后，由于父母的参与和提醒，孩子们把家里打扫得干干净净，高高兴兴地离去。

三位父母，要求孩子做的目的一样，由于做法不同，效果就出现了差别：

A、B父母的孩子到了学校，去做客的孩子便嗤之以鼻，把对父母的意见全部发泄在了孩子身上，这个孩子从此失去了与同学玩耍交流的通道，性格也开始走向孤僻。

C父母的孩子到了学校，受到同学的拥戴，把对父母的好感全部倾注于孩子的身上。从此，这个孩子的朋友越来越多，大家都愿意同他交往。

A、B父母在教育孩子方面，总以父母的意愿来看孩子的问题，只强调结果，忽视孩子的心理教育，使孩子感到父母只考虑自己，不了解孩子的身心，很自私，对自己的爱也是为了父母的爱好，很难感觉到父母的“好心好意”。

C父母在孩子游戏结束中，主动参与其中，让孩子感觉到的是父母的“真心”相爱，既保证了孩子在游戏中快乐，孩子又愿意真心实意地服从，游戏结束后，孩子们主动把房子收拾得干干净净。

【分析】

这种对孩子的“真心”教育，就是让孩子在快乐中游戏，在快乐中成长。

同一件事出现了两个不同的结果进一步证明：按父母的意愿要求孩子，会使孩子产生对抗和不快乐，只有“真心”教育才是教育孩子快乐成长的正确方法。

【案例2】

有这样一个三口之家。母亲是某企业的会计师，父亲大学毕业后，曾在国家机关工作后下海经商，成了一个拥有千万家产的商人，他们的儿子上高中。

夫妻俩在孩子课余时间送儿子学奥数，平时为让儿子专心致志地学习，什么家务活也不让干，起床后的被子由保姆整理，只要儿子用心学习，就有求必应。

为了儿子学习，夫妻俩平时不敢与孩子多聊天，如果儿子的学习成绩出了问题，夫妻俩就会严厉斥责，特别是常拿儿子的好朋友、学习尖子跟儿子比，说什么："你看人家怎么好，你为什么这么笨，我在你身上白花钱了"等。为了刺激儿子，夫妻俩还花600多元买了一双耐克鞋送给比儿子学习好的同学。

长此下来，儿子养成了孤僻、自卑、嫉妒的性格，平时是饭来张口、衣来伸手，对父母产生了叛逆情绪，对学习更是越来越厌倦。高中毕业时落榜了，夫妻俩把儿子大骂一顿后，便不理不睬。儿子面对唉声叹气的父母，觉得自己整天生活在愁云密布的环境中，度日如年，对父母更加反感，心里认为：是他的存在为父母对自己的无情提供了话柄。

2008年元旦，心情郁闷的儿子到溜冰场玩，刚好碰上父母在他跟前总夸赞的同学，为发泄心中的愤恨，突然扑上去把他绊倒，没头没脑地一顿猛踢，并用坚硬的旱冰鞋打击头部，造成多处软组织受伤、头部被打成重度脑震荡、生殖器受损。后来，被检察院批准逮捕。

【分析】

夫妻俩梦寐以求的就是让儿子考上名牌大学，为了实现这个梦想，夫妻俩可以说是费尽心机，不遗余力花钱送孩子上他们认为好的幼儿园、好的小学、重点初中和重点高中；规定儿子选择住在附近的、学习优秀的同学做朋友等。由于忽视了对孩子心理健康疏导，使这个本来应该幸福的小家庭，承受了巨大的痛苦。

认知：

理解：

做一件什么事	怎么做	对你的触动

准备：

学会做：

让孩子“玩”出健康

当孩子快乐兴奋地玩游戏的时候，父母应在保证孩子安全的情况下，考虑孩子的兴趣和快乐，不要只想孩子的“顽皮”与“违规”，更不能主观、片面地对孩子进行不公正的评价，因为，这样很有可能剥夺孩子独立自主的“主体”，影响孩子富有创意的游乐，打击孩子积极快乐的心态，导致孩子心态的变化，从而走向“孤僻”，间接影响孩子的身心健康。

身心健康是人类生存极为重要的内容，它对于人类的发展、社会的变革、文化的更新、生活方式的改变，有着决定性的作用。

孩子怎样才算身心健康呢?

早在 1948 年世界卫生组织就明确规定：“健康不仅是身体没有疾病，而且应当重视心理健康，只有心理健康、体魄健全，才是真正有利于孩子健康地成长。”

怎样让孩子“玩”出健康呢？父母首先要引导孩子树立“玩”的目标。

孩子的“玩”也要有目标，幸福、快乐是每一个孩子在“玩”中追求的目标，孩子的生活如果没有幸福、快乐做指引，就只能迷失方向，显现生活的平庸、乏味、无聊。由此，就会滋生各种不健康的恶习。

孩子需要“玩”的东西很多，由于受到家庭生活环境、社会文化情景和外界条件的限制，常常会出现“熊掌和鱼”难以兼得的场面。

如果孩子没有目标地“玩”，一会儿想要“玩”这个，一会儿又要“玩”那个，过一会儿又“这个”和“那个”都想“玩”。孩子“玩”得就比较艰辛，难以“玩”出健康的身心，反而阻碍孩子的健康成长。

【案例1】

邻居家的果果就是一个爱玩的孩子。“从早上睁开眼玩到睡着”，这是果果妈的口头禅。

每逢周末，果果妈想在家睡个懒觉的愿望更是难被满足。

果果往往几天前就定好了游玩路线，周末是去海边挖沙子还是去游乐园里坐旋转木马？是在家里和爸爸搭积木还是要去植物园里看果树？小果果乐此不疲，但果果妈却常常担心，孩子小时候就这么贪玩，长大后会不会影响学习？会不会从小给孩子养成散漫的性格？其实，果果妈大可不必这么担心，孩子爱玩是好事，玩游戏对孩子有很多好处。

【分析】

孩子是从游戏上开始了解这个世界的规则的。不管是自己搭积木，还是和他人协作来做一个游戏。每个游戏都有其规则，而这些规则正是让孩子开启认知。

孩子独立玩耍还可以锻炼孩子的自理能力、动手能力，当孩子们聚在一起时做游戏，则锻炼孩子处理人际关系的能力、沟通能力等。

与果果妈的担心恰恰相反，爱玩游戏的孩子往往性格比较好，这无不与其他小朋友沟通能力的锻炼有关系。孩子在游戏中学会了协作，这样的孩子往往更受欢迎，长大后也会更注重团队协作。

【案例2】

红红表姐家有一个熊孩子，不论谁都治不住他。过节红红一家去他家玩，吃饭的时候红红表姐刚安排孩子坐好吃饭，吃了不到两口他就立马起来玩玩具。

表姐追着给孩子喂饭，可他一会儿玩儿积木，一会儿玩儿遥控汽车，追都追不到。

看到这样的情景红红就不禁感叹，现在养孩子太难了，特别是这样的熊孩子。

很多孩子小时候总是停不下来地动来动去，不管是吃饭、睡觉还是洗澡，他好像都有用不完的精力，总是喜欢到处乱跑。

父母追他，他跑得更开心了，面对孩子那样开心的笑脸，父母也不能打骂内心也非常无奈。

【分析】

爱玩是孩子的天性。孩子时时刻刻都对周围世界保持着好奇心。

每个孩子都像一个爱玩的小精灵，不论是坐着还是躺着，小脑袋一直在不停地思考。

就连孩子平时吃饭的时候都在思考如何去玩？怎么去

玩？这是孩子的天性，也是每个孩子成长中都会展现出的一个阶段。

他们通过平时的玩耍认识了解这个陌生的世界，爱动的孩子也说明在勤于思考，是聪明孩子的标志。

哥斯达黎加儿童教育学和心理学家加夫列拉·马德里斯曾指出，运动、玩耍是儿童学会观察、认识、理解、说话和活动的最佳“工具”，能促进儿童的大脑智力开发。他指出，科学实践证明，2—5岁的孩子中，爱玩孩子的大脑比不爱玩的孩子至少大30%。

在孩子想要“展翅飞翔”的时候，父母一定不要“勒紧缰绳”，而要帮助释放孩子的天性，如果你想教给孩子一项技能，就要先带着孩子去玩，体会到乐趣，自然就会坚持。

认知：

理解：

做一件什么事	怎么做	对你的触动

准备：

学会做：

心理健康是成才的保障

现在的孩子从上小学开始，学习负担就开始不断加重。父母都希望自己的孩子不输在起跑线，为此，大部分父母把注意力放在开发孩子智力、培养孩子兴趣上，这无疑对提升孩子的学业成绩和生活技能十分有益。但是，孩子的心理健康也是不能忽视的。

当下，很多父母只重视学习成绩，而忽略了孩子的心理健康，即忽视了孩子身心健康的锻炼。

作为父母应该明白：孩子的身心健康是走向社会竞争的本钱，有了健康的身心虽不一定拥有一切，但失去身心健康必将失去一切。

要让孩子不输在起跑线，首先要让孩子身心健康。当下，我们不难看到：孩子的学习压力越来越大，各种心理问题凸现，父子冲突、师生冲突、中小孩子自杀、未成年人犯罪、离家出走、早恋、沉迷网络等行为越来越多，要让孩子有健康的心理。我们必须认真研究：如何才能使孩子身心都健康。

我们相信：没有哪个父母不关心孩子的健康，对于什么是真正的健康？很少有人认真地参与研究，特别是一些父母死守“无病无灾就是健康”的错误观念必须转变，试想：如果孩子仅有强壮的体魄，而没有健康的心理，将来也难以为社会、为家庭做出应有的贡献。

【案例1】

电视剧《家有儿女》中，邻居小朋友头包纱布找上门，不是有谁闯祸，而是来感谢刘星见义勇为，让刘星有英雄的体验。美好的时刻，恰巧小雪数学考试第一名，爸妈一高兴给了奖励。这让刘星愤愤不平心情郁闷，决定不再帮助别人。过几天邻居小朋友再次敲门，原因是小朋友挨打刘星袖手旁观。爸妈终于发现，和成绩比起来，孩子的品行更重要，心理状态也需要关注，并为刘星隆重颁奖。

【分析】

衡量教育成功的标准，不只是考试成绩，还有踏实、同情心、积极心态。那些优秀学子所犯的大错，都是忽略心理成长。长期以来，父母的头脑中没有心理健康的概念，只是重视孩子的生理健康，舍得钱给孩子买最有营养的食品、最漂亮的衣服，却不愿抽出时间与孩子交谈，了解孩子的心理需求，事实却是心理健康对孩子的身心健康、思想品德、智力和学习都有很大的影响。

父母要明白心理健康和身体健康同是孩子成材的基础，缺一不可，古今中外有成就的人无不具有健康的心理。为此，父母千万不可忽视孩子的心理健康。

【案例2】

小明上小学第一天，父亲到学校参加家长会，散会以后，其他父母领着孩子走了，小明的父亲让孩子留下来，父子俩一起将开会场地上留下来的纸屑、果壳拾起，给孩子上了生动的一课。

小明的父亲认为：教育孩子要有健康的心理和健全的人格，绝不能让孩子成为一个知识丰富而性格古怪，对父母没有感情、对他人漠不关心的人，要尊重他人、诚实守信、自立自强。要把孩子当作一个独立的人，充分尊重和理解孩子，无论他犯多大错误，都要以身作则地让他懂得做人的道理，绝不能强制。

【分析】

小明爸爸身体力行教孩子“学会做人”。国际21世纪教育委员会提出当代教育的四大支柱是“学会求知，学会做事，学会共处，学会做人”。“学会做人”又是建立在前三种学习基础之上的一种基本进程，是教育和学习的根本目标。所以，家庭教育的一条主线也应该是培养孩子成“人”，这里的“人”是指一个具有良好品德、具有独立意识、具有良好人际关系、善于合作的个体，是一个既独立又合群的社会人。家庭教育就应该是培养孩子这样一种人格教育。

所以父母要注重孩子的全面健康，促进儿童健全人格构建全面健康，不仅仅指身体的、生理的健康，还包括心理的、精神的健康，即人格健康。高尚的道德是人类立身之本，诚实是道德的基础。“学会做人”，先要学会做正直的人。陶行知说“千教万教教人求真，千学万学学做真人”，就是要学做正直的人。

认知：

理解：

做一件什么事	怎么做	对你的触动

准备：

学会做:

心理健康的六个标准

把握孩子的心理健康有六个标准:

第一，智力发展正常是衡量一个人心理健康的最重要的标志之一，智力超常与智力落后在人群中占少数，大多数人的智力一般。智力超常与智力一般都属于智力正常的范围，都达到了心理健康智力标准的基本要求。

第二，情绪稳定是指心境良好、愉快、乐观、开朗、满意等积极情绪占主导，能产生合理的情绪变化，即有喜事时感到愉快，遇到不幸时产生悲哀情绪，还能依场合不同适当控制自己的情绪。

第三，对学习有适应性是指喜欢学习，从心里觉得学习是一件令人愉快的事，感觉轻松，对学习内容往往抱有浓厚兴趣，勇于克服学习上遇到的困难，学习效率高。

第四，能客观地认识自我是指逐步克服以自我为中心。

让孩子去接触更多的人和事，尤其是去接触比自己厉害的人。比如，看看社会上的精英是如何生活的，因为孩子必定比精英差一个层次，在他们相处的过程中，不会再以自己为中心，然而，这样的性格养成之后，以后，在面对比自己不厉害的人也会将事情把握得有分寸。这个方法还有助于孩子积累自己的人脉，将自己的性格也变得更加温和，遇到同类的问题将会处理妥当。

第五，能较客观地评价自己。

客观地评价自己。首先，要学会换位思考，也就是站在别人位置思考问题，这个换位可以上升到一个很高的角度，处理自己所面对的困境。其次，更多是纵向比较，而非横向比较。

纵向比较就是跟自己以往的经历比较，这样就会很好地激发自己，很大程度上会满足自己，并产生一种自我成就感。

为什么不建议进行横向比较呢？因为每个人都有自己的优点，都有自己的长处，但是，未必每个人都善于表现自己的优点或长处，有的人干了不说，有的人说了不干，有的人将自己干的说出来，就怕别人不知道。

第六，具有独立生活的能力是指自己的日常生活能自己料理。

很多成功的案例表明：具有健康心理的孩子能适应不同环境的社会生活，乐于与同学、教师交往，让自己融入集体生活中，自觉用制度约束自己，使自己的行为符合集体、社会的要求，而不是与周围的人格格不入；有良好的行为习惯，对外部刺激不过度敏感，也不会迟钝无反应，不会因小事大发脾气，也很少出现让人感到莫名其妙的举动。有很多父母因为不知道孩子身心健康的标准，致使孩子未完成学业就产生了心理疾病。

【案例1】

7 岁的明明和爸爸妈妈一起吃晚饭，桌上有一盘烧鸡，妈妈已给明明夹了不少，明明还是一手把这盘菜拉到自己跟前，不停地往自己的碗里夹，根本不关心父母吃不吃得着。

平时与朋友交往中，明明也是以自我为中心，总想别人依着他，自己的玩具从不给小朋友玩，而别人好玩的东西又要据为己有，为此常与同学闹矛盾，同学都不愿意与他一起玩。

【分析】

明明由于过于以自我为中心，导致身边朋友都不愿意和他一起玩耍，明明也不懂得分享自己的玩具，这也是以自我为中心表现形式。以自我为中心的孩子在生活中容易被其他孩子排挤，不受欢迎，因此，正确引导孩子不要以为自我为中心十分重要。

【案例2】

12 岁的小强，其父母长年在外地做生意，他与爷爷奶奶一起生活，老人对孙子溺爱，虽然学习成绩优秀，但小强却染上了偷钱骗钱的坏习惯，并用偷来的或骗来的钱上网，打游戏、买零食和玩具。爷爷奶奶知道，却没有严加管教，导致小强变本加厉，性格顽劣，调皮捣蛋，家里人和学校老师对小强伤透了脑筋。

【分析】

以上案例反映了目前很多儿童或多或少都有各种心理疾

病，而且心理健康方面的问题很严重，如智力低下、多动症、对抗、偏食、缄默不语、胆小、任性、羞怯、嫉恨、孤僻、自私、依赖、爱发脾气、不合群等。这些都是常见的不健康心理，对孩子的健康成长十分不利，孩子一旦产生心理隐患，极有可能成为孩子成才路上的大敌。

认知：

理解：

做一件什么事	怎么做	对你的触动

准备：

学会做：

造成心理障碍的主要因素

有心理障碍孩子的主要表现在三个方面：

一是身体。身体不健康会影响心理健康，往往使孩子产生焦虑、忧虑、烦恼、抑郁等不良情绪，影响孩子的情感、性格、意志和人际关系，因此，形成不健康的心理。

二是环境。家庭是儿童生活的主要环境，父母及其他成员生活习惯、思想意识、作风情操对孩子影响极大，如父母不和、缺少欢乐和睦的家庭气氛、孩子没有安全感和幸福感，所以形成不健康的心理。

三是教育的影响。对孩子过度保护的教育会影响其独立性。

对孩子溺爱会导致以自我为中心、自私自利、依赖性强、目中无人的坏习惯。对孩子过于严厉，经常斥责，夸大其缺点唠叨个没完，或对他期望过高，施加压力，会使孩子对于学习产生厌恶心理，表现为隐瞒、撒谎等。

对孩子过于放任，只养不教或重养轻教会使孩子骄横任性，惹是生非，攻击别人，长大后会发生损害社会利益的行为。对孩子时冷时热、反复无常，会使孩子无所适从、情绪不稳定。

【案例1】

“周末”本应该是让孩子感到放松愉悦的，但事实却恰恰相反。每到周末很多孩子都得不到放松，反而害怕周末。

小黄同学是二年级的孩子，从周一到周五都要完成老师布置的各科作业，往往都是晚上十点多都不能睡觉，周末的作业量就更大了，基本是平时的两倍。周末父母还要陪着小黄同学不辞辛苦地穿梭于奥数班、剑桥英语班、小作家班、小主持人班、书法班……把小黄同学弄得疲惫不堪，身体素质下降，情绪也开始变得不稳定。

【分析】

小黄由于得不到适当休息，学习压力很大。对孩子的教育，父母不能过于严格，孩子成长应当是快乐地成长，父母不应该剥夺孩子的快乐，应该让孩子在快乐中成长，这样的成长才有意义。

【案例2】

邻居家有个男孩学习很好，在班级总是名列前茅，但是体育成绩很差，男孩的父母只满足于孩子的文化课成绩，却很少鼓励孩子参加体育锻炼。孩子自己也觉得体育没什么用处，只有学习好才能考到好学校。因为很少参与课间与同伴的游戏和体育活动，慢慢地就与同学的交往越来越少，在同学中也越来越孤立，由于骄傲、孤僻，这个孩子与同学相处开始出现问题，父母也意识到了孩子的问题，开始为孩子担忧。

【分析】

孩子的成长是全方位成长，文化课成绩固然重要，但是忽略孩子身体，一味追求文化课成绩，最后只得适得其反，这样的教育忽略了教育的本质。孩子和同学之间相处以及体育锻炼都会促进孩子成长，父母要明白教育是对人的教育，不仅是文化课成绩的教育。

认知：

理解：

做一件什么事	怎么做	对你的触动

准备：

学会做：

家庭环境对孩子身心健康的影响

一个民主、宽松、开放、诚恳、平等的家庭环境，有利于孩子身心健康的正常发育。

在孩子世界观、价值观形成过程中，一种开放的、诚恳的、真挚的、非压迫式的家庭氛围非常重要，也只有这样，孩子才能自由地展示自我，自然地与父母形成有意义的互动，并使之取得实效。

如果家庭是压迫式的，父母只是希望孩子做出自己期待的答案，孩子自然也会倾向于说出他们认为父母所希望听到的答案，而不会说出真实感受和想法。失去了坦诚价值观教育所做的任何努力都将是徒劳的。

有些父母由于忽略了孩子的身心健康培养，在家庭教育中常常出现这样的问题：总希望孩子“听话”，于是对孩子的教育也以“听话”为原则，结果，孩子走向社会丧失了良好的人际关系和独立自主的能力，成了任人宰割的“小绵羊”，这种“教育”究竟对孩子有什么样的危害呢？

1.“听话教育”对孩子的身心健康的影响

很多父母在孩子面前都喜欢摆出一副“居高临下”架子，常冲孩子喊：“你这么做就得挨揍”“我在你这个年龄时早就……”“你不听也得听”“你这么做就得挨揍”等。

孩子做错了面对的是“棍棒”，连错在哪里都不容想一想。

对于父母这样的批评，孩子怎么能接受呢？这种批评给孩子的教育是什么呢？是“恐惧”。久而久之孩子会养成什么性格呢？“懦弱”。

“我在你这个年龄时早就……”。

时代不同了，生活方式都变了，要求现在孩子和父母过去一样，太不合时宜，这种批评给孩子的教育只能是“守旧”。这种批评使孩子失去了“思维空间”，大脑死死地被“恐惧”“懦弱”和“守旧”锁住了。

2.“冷嘲热讽”对孩子上进心的伤害

有些父母总是冲孩子喊“你以为自己很能干吗？”“你可是我家的天才”等。父母这样的话就像一把利剑扎入了孩子的心脏。

一般孩子都会想：“能干”有错吗？我“能干”不但没有得到表扬，还受到了“亲人”如此的“耻笑”。

试想：这种说法给孩子的教育是什么呢？答案只有一个：“干也不是，不干也不是。”给孩子心灵上的伤害一般是“窝火”。

“你可是我家的天才”。天才有错吗？父母用这样的语言讽刺孩子，给予孩子的教育又是什么？

毫无疑问：是“打击”、是“挫伤”。试想：孩子有了成绩，竟然得到亲人的打击，孩子怎么能进步呢？

3.“绝对否定”对孩子自尊心的伤害

有些父母总是冲孩子喊“你从来没有好好吃过一顿

饭”“你总是撒谎”等。

父母用“从来没有”“总是”这样绝对的语言否定孩子，实际上就是对孩子“自尊与自信”的挫伤。

4.“言过其实”对孩子诚实做人的伤害

有些父母总喜欢冲孩子喊“这是我见过的最好玩的玩具”“你是全世界最美的女孩”等。这种方式对孩子的教育是什么呢？是“虚伪”，只能影响孩子对父母说话的信任。

5.“人身攻击”对孩子自信心的伤害

有些父母喜欢冲孩子喊“你胖得像头猪”“你蠢得像头驴”等。这种方式给孩子的教育只能是：让孩子更不自信。

6.“威胁恐吓”对孩子性格的影响

有些父母喜欢冲孩子喊“你若不好好做作业，我就关你禁闭”“你不乖就把你去喂狼”等。这种方式给孩子的教育只能是：“恐惧、害怕”。

7.“冷若冰霜”，对孩子的心理影响

有的父母常冲孩子喊：“你没看到我正忙着吗”“待会儿再说”等。这种方式给孩子的教育只能是：“我不重要”。

来到这个世界上的每个人都有自己独特的生存方式。要想让家庭更和谐、关系更融洽，父母首先要尊重孩子自己的生活方式、处事方式，并给予充分的理解，彼此互不干涉，又相互理解，共同成就一个幸福的家。

【案例1】

茅先生三个儿子都考上了大学，其中还有两个儿子考上了博士，是村里育子有方的典型。

茅先生和妻子常年坚持的作息时间是：早4点，晚10点。早上4点，他去学校办公，妻子起床料理家务。

生活上他和妻子一贯坚持“物尽所能”。妻子自从嫁到他家后，除去结婚时买下的几件“的确良”裤褂，就再也没有添置一件新衣，身上穿的衣服，全是亲戚朋友送的旧衣。如今，他和妻子身上的衣服仍旧是经过“精心加工”的，尽管是破衣烂衫，但他俩的生活是温馨的、快乐的，从没有因为这些发生过口角或怄气。

1995年8月20日那一天，是这个家庭最难过的一天，很多孩子都兴高采烈地到了学校，而他的三个孩子全待在家里。

大孩子哭、二孩子叫，大人为交不起学费发愁，孩子们因不能按时到校上课而哭闹。他领着三个孩子到学校，向校长说明了情况，请求先给书让孩子上学，后交学费。

把孩子安排入学后，回到家，他把家里仅有的六只鸡带到集镇上卖，换得了48元，又从哥哥那里借了80元，把128元钱全交了还不够学费。

校长说：“你家实属困难，欠的钱免去吧！”就这样东拼西凑，总算让孩子能在学校安心上学了。为了孩子上学，家庭经济几近崩溃的边缘，经常出现把凑给孩子吃饭的钱送去学校，家里余钱分文皆无！

一个冬日的深夜，下起大雪，他晾晒的衣服在外面，就摸火柴点煤油灯，发现一根火柴也没有，只好跑到邻居家，借了一盒火柴用。

就这样日复一日，年复一年，孩子们看在眼里，记在心里，他们认识到这个家庭父母生活的艰辛，但从没有对他们发过火。遇到孩子做错了什么，父母总是好言好语，耐心说服教育。穷人的孩子早当家，孩子们穷则思变，决心好好学习，努力奋斗，从而铸就坚不可摧、勇往直前、不达目标决不罢休的良好品质。

【分析】

家风是一个家庭的传统风尚，是中国传统文化和道德在每个家庭的传承，它是一种潜在无形的力量，影响着社会风气和公民道德。

家风的形成与文化、贵贱并无密切的关联，但是，与长者的德行息息相关。

常言道："近朱者赤，近墨者黑。"

家庭是孩子的第一课堂，父母是孩子的第一任老师，俗话说：有什么父母就有什么孩子，有什么家庭，孩子就有什么样的价值观和人生观。案例中茅先生为了使孩子从小养成行为上吃苦耐劳、学习上勤奋好学、生活上勤俭节约的好习惯，首先身体力行，熏染、感化孩子，使他们能正确判断真、善、美，形成良好的人生观和价值观。

【案例2】

林叔供两个孩子在距家五、六十里远的县城读书，家庭经济入不敷出，所以每次去给孩子送衣送钱，都是骑辆破自行车。

2004年冬天的一个星期日，由于天气突然变冷，一大早他便带上棉被骑着自行车，开始县城之行。天不作美，下起了雪，雪在不停地下，他急速地往学校赶，在距学校还有两里多路时由于地上冻路滑，他骑着车子不慎掉进沟里去了，待他扶起车子再上路时，发现车圈歪了，不能骑了，干脆推着走吧。

就这样他凭着执着的爱心、顽强的毅力，终于战胜了雨雪，见到了孩子。两个孩子看到他浑身是雪，衣服湿透了，感动的泪水顿时涌满眼眶。他看到孩子掉泪，心里像打翻了五味瓶，悲喜交集。为了止住他们的泪水，他笑着说："衣服湿了不要紧，我不冷，由于路难走要用力，我还一身汗呢。只要你们好好学习，我吃点苦值。"从那时起，两个孩子的学习成绩不断攀升。

林婶感化孩子不只仅仅体现在一时一事上，而贯穿于孩子成长的全过程。

母爱是纯真的，作为母亲，影响孩子成长的机会最多，孩子需要吃饭、穿衣，这些都是林婶一人包揽。林婶的一举一动、一言一行无时无刻不在影响他们。

一个夏日的晚上，林婶在更换衣服时，孩子们发现妈妈穿在身上的衬衣烂了好几个洞，顿时被母亲的淳朴、节俭所感动，他们看在眼里，记在心里。到学校后，孩子从生活费中挤出来一点钱给妈妈买来一件衬衣。林婶看到懂事的孩子为自己着想，很受感动。随后说："你现在还小，妈妈的一切不需要你考虑，你一心上学就行了。今后不要这样了，给你的生活费本来就很勉强，不能挪作他用，吃不饱会影响身体健康，影响学习的。”

就这样，孩子通过父母的潜移默化地感染，真正懂得了怎样做人，要做一个什么样的人才会有价值，从而使孩子们在通往成功的路上一步一个脚印、一步一个台阶，去攀登知识高峰。

【分析】

在日常生活中父母细微的行为，对孩子的影响是全方位的，无时无刻不在潜移默化地影响着孩子，塑造着孩子的人格。

家庭生活中，时时处处都存在着对子女的教育，父母毫无掩饰的言谈举止时时刻刻被孩子模仿，这种模仿对孩子的品格影响是潜移默化的，是在漫长的时间里毫无感觉地完成的。

事实上，如果一个孩子生活在一个充满仁慈、爱心和责任感的家庭，他日后会成为健康、正直、乐观向上、有所作为的人。如果一个孩子生活在一个充满愚昧、野蛮、堕落和自私自利的家庭，日后他可能成为一个粗鲁的毫无教养的甚至危害社会的人。

认知：

理解：

做一件什么事	怎么做	对你的触动

准备：

学会做：

保证孩子心理健康的四项“投资”

很多父母喜欢为孩子的身心健康做一些投资，但不知怎样投资？投什么？

1. 做好知识投资

让孩子懂一些健康知识，如健康养生、重在预防，要想不得病、少得病需要孩子尽早懂得基本的医学知识、养生之道。古往今来，懂得养生、重视自我保健是保持健康的秘诀。

2. 时间投资

每天花一点时间，锻炼身体。在现实生活中，我们有时会痛心地看到，有些父母在事业上获得了成功，往往丧失了自己与家人（孩子）的健康，就是因为忽视了这一点：事业与健康是矛盾的统一体，没有健康的身体，难有健康的事业。

3. 毅力投资

增强体质锻炼，让孩子多吃点苦。意志的磨炼最好的办法是适量增加孩子的运动量，最大限度地启动孩子身体各系统、各器官的潜力，强化体质训练，使身体机能长期处于“最佳状态”。锻炼的目的是增加孩子的体质，磨炼孩子的意志，父母要有意识地让孩子多吃苦，培养孩子，战胜自我的坚强意志。

4. 消费投资

花点钱买健康。父母应舍得花钱购买指导孩子养身保健的书籍和报刊、健身工具。

从孩子健康出发，在孩子掌握一定的生活知识的情况下，调节饮食，重视食物的合理搭配，做到为营养而吃。花钱买营养，而不是花钱买“口福”。

这样不仅能使孩子身体健康，还可以培养孩子良好的个性，让孩子情绪稳定、性格温和、意志坚强、感情丰富、胸怀坦荡、豁达乐观地度过美好的人生；有良好的处世能力、自控能力和能应付复杂环境；对事物的变化保持良好的情绪，有知足感；有良好的人际关系，即待人宽厚，珍视友情，助人为乐，与人为善，与他人的关系良好，不吹毛求疵，不过分计较。

【案例1】

一位父亲下班回家已经很晚了，发现他 5 岁的儿子靠在门旁等他。“我可以问你一个问题吗？”儿子很天真地看着爸爸。爸爸说：“可以啊，什么问题你问吧！”“爸爸，你 1 小时可以赚多少钱？”儿子问爸爸。“假如你一定想知道的话，我 1 小时赚 20 美金。”爸爸说。“爸爸，可以借我 10 美金吗？”儿子突如其来的问题，爸爸没有思想准备，当时表现得很惊讶。

约 5 分钟后，爸爸平静下来，开始想怎么回答儿子的问题……儿子想买什么，他平时很少要钱啊。

想到这里，爸爸走进儿子的房间，给了儿子 10 美金。儿子说：“爸爸，谢谢你。”

儿子欢欣地从枕头底下拿出一些被弄皱的钞票，慢慢地数着。爸爸问：“你为什么已经有钱还要呢？”

儿子说：“因为这钱还不够，现在终于够了，我现在有 20 美金了，可以向你买 1 小时的时间吗？明天，你早一点回家，我想和你一起吃晚餐。”顺手将 20 美金给了爸爸。

【分析】

孩子6岁之前有两种基本的需要，即安全的需要和满足的需要，这两种需要的满足完全依赖于父母。所以，孩子需要父母有质量的陪伴、关爱和呵护。

温馨和睦的家庭环境、父母满满的关心和浓浓的爱是孩子人格养成的摇篮，无论多忙都要抽出时间陪孩子聊天、谈心、散步、运动、娱乐，对孩子表现出慈爱、有兴趣、接纳，像朋友一样给孩子及时的指导，让孩子感到被人喜欢、被人接受，感到温暖和热情，继而他就会将世界理解为温暖、友爱、仁慈的，就会对他人抱有信任、宽容、友好的态度，就会对自己有坚定、积极、乐观、满足、合作的自我评价。

【案例2】

海清小朋友是一个聪明的小男孩，有很强的自理能力，学知识很快。

由于父母平时工作忙很少陪伴孩子，都是由老人来带，老人对孩子也比较溺爱，只注重孩子的衣食，不懂关注孩子的内心需要。

比如，每天早晨上幼儿园海清都哭闹不休，拉着奶奶衣服不撒手，哭着不进门。在幼儿园，各种活动不愿意参与，小朋友们玩玩具，他想玩，却不愿跟大家在一起。

缺少父母陪伴的孩子内心都极度缺少安全感，不喜欢交往和缺乏自信。

【分析】

父母对孩子的关爱，是任何人不能替代的。

孩子12岁之前，父母主动进行的亲子活动至关重要，会影响孩子的一生。这个阶段如果缺乏对孩子足够的陪伴，孩子的世界里就会缺乏父母的形象，不利于人格的形成与完善。

在孩子成长过程中，父母不仅是父母，更是朋友、人生的导师。

父母日常生活中的一举一动、言谈举止潜移默化中都会被孩子模仿学习。在孩子的成长中，难免会遇到在他们能力范围内难以解决或者难以接受的事情，如果没有父母及时指导、排解情绪、解决问题、遮风挡雨，很可能会对孩子的成长产生极大的影响。

一家人相依相伴，满满的安全感、归属感、幸福感，让孩子明白自己是被深爱着的孩子，也更容易学会去爱别人，只有这样才可以让孩子快乐地成长，拥有健康的性格和正确的价值观（图5）。

认知：

理解：

做一件什么事	怎么做	对你的触动

准备：

学会做：

本章复盘

◎ 小问题

回答下面的问题，帮助你理解身心教育在家庭教育中的必要性。

1. 促进孩子的心理健康的目的是什么？

2. 促进孩子的心理健康首先要做到什么？

3. 促进孩子的心理健康的步骤是什么？

4. 促进孩子的心理健康有哪些要注意的环节？

5. 促进孩子的心理健康有什么效果和表现？

6. 促进孩子的心理健康和掌握知识应该如何区别？

7. 促进孩子的心理健康的方式不同，效果有什么不一样？

8. 生活中促进孩子的心理健康的问题有哪些？

如何做更好的父母

◎收起你的懦弱，摆出你的姿态，促进孩子的心理健康，不要打击孩子的积极性！

◎就算周边的人（含家庭成员）都否定孩子，你也要相信孩子，不要管别人的看法。

◎很多事是尊重出来的，要相信，世上本没有做不到的事，只有不尊重人，才适得其反。

◎不管孩子如何，都可能不被欣赏，总有人认为他不够好不管别人怎么看，你都不能不注意培养孩子的友情！

“管理好自己”思考题

【反向思维】

◎促进孩子的心理健康没有用，孩子就是不愿意学习！

◎促进孩子的心理健康到位了，孩子还是不好好学！

◎我对孩子的隐私，道不同不相为谋！

◎对孩子身心健康培养不到位，反而被别人瞧不起！

【正向思维】

◎促进孩子的心理健康之后，家庭和睦了！

◎促进孩子的心理健康之后，孩子的能力提高了！

◎促进孩子的心理健康之后，父母与孩子相处更融洽了！

◎促进孩子的心理健康之后，父母与孩子的误会没有了！

与心对话

每日一问：

家庭生活中总有一些磕磕绊绊的冲突点，你是怎么处理的？

请将在家里看到的记录下来：

参考文献

[1]迈克尔·W.阿普尔.意识形态与课程[M].黄忠敬译.上海:华东师范出版社,2001.

[2]PIERRE B,JEAN-CLAUDE P. Reproduction in education, society and culture[M]. London,Eng:Sage Publications Ltd.1990.

[3]保罗·弗雷尔.被压迫者教育学[M].顾建新,赵友华,何曙荣译. 上海:华东师范大学出版社,2001.

[4]JEAN J. Studies in Socialism[M]. New York:Wentworth Press,2019.

[5]陶行知.陶行知全集[M].成都:四川教育出版社,2005.

[6]陶行知.中国教育改造[M].上海:上海亚东图书馆,1928.

[7]徐德春.做学教ABC[M].上海:上海世界书局,1929.

[8]陶行知.中国大众教育问题[M].上海:上海大众文化社,1936.

[9]陶行知.行知书信[M].上海:上海亚东图书馆,1929.

[10]陶行知.行知诗歌集[M].上海:上海儿童书局,1933.

[11]陶行知.行知诗歌前集[M].上海:上海儿童书局,1935.

[12]陶行知.行知诗歌三集[M].上海:上海儿童书局,1936.

[13]陈青之.中国教育史[M].北京:中国社会科学出版社,2009.

[14]孙培青,杜成宪.中国教育史[M].3版. 上海:华东师范大学出版社,2008.

[15]王陆.虚拟学习社区原理与应用[M].北京:高等教育出版社,2004.

[16]莱斯利 · P.斯特弗. 教育中的建构主义[M].高文译.上海:华东师范大学出版社,2002.

[17]日本筑波大学教育学研究会.现代教育学基础[M].钟启泉,译.上海:上海教育出版社,2003.

[18]ROBERT M G,WALTER W W,KATHARINE G,et al. 教学设计原理[M].王小明,庞维国,陈保华等译.上海:华东师范大学出版社,2007.

[19]周文彪.生活创新教育[M].北京:新世界出版社,2013.

[20]侯怀银,张宏波.社会教育解读[J].教育学报,2007:3–8.